승자의 기술

일을 가장 많이 하는 나라에서
행복하게 살고 싶은 사람들을 위한 행동지침서

영진미디어

승자의 기술

일을 가장 많이 하는 나라에서
행복하게 살고 싶은 사람들을 위한 행동지침서

조덕중 지음

영진미디어

　　김연아는 피겨스케이팅으로 승자가 되어 전 세계를 감동시키고, 박인비는 세계 여자 골프의 3대 메이저 대회에서 연이어 1등을 하였다. 이제는 많은 사람들이 세계 1등의 스마트폰을 가지고 있고, 세계 1등의 자동차, PC, TV들이 속속 일상으로 들어오고 있다. 매일 13억 병이 팔리는 코카콜라는 놀랍게도 전 세계 청량음료 시장의 절반이나 차지한다고 한다. 세계 1등에 익숙해질수록 그들의 몫도 눈덩이처럼 커지고 있다. 모두들 세계 1등에 환호하고 있는 한편에서 승자독식의 시대가 다가오고 있는 셈이다.

　　머지않아 지구의 70억 명을 먹여 살리기 위하여 단 10억 명만 일해도 되는 때가 오게 되고, 많은 사람들은 일자리가 없어 사육을 당할 것이라고도 한다. 일자리가 줄어드는 것이 큰일인 것이다.

　　대형 은행의 회장님도 '365일 코너'에 버려진 휴지를 줍는 것을 본 적이 있다. 일의 가치나 일꾼을 얕잡아 보아서는 안 된다. 일의 귀천을 막론하고 이 세상의 사람들은 모두 평등하게 일을 하고 있다. 인간은 일하는 동물, 그 일은 삶 그 자체이기도 하다.

　　등소평鄧小平은 "검은 고양이든지, 흰 고양이든지, 쥐를 잘 잡는 고양이가 좋은 고양이다."라고 하며 이념으로 정체되었던 13

억 명의 중국을 움직였다. 어떠한 사회가 되더라도 쥐를 잘 잡는 고양이처럼 뛰어난 일꾼들은 사육당하지 않을 것이다.

　분명 사람이 자리보다 먼저다. 애써서 일자리를 만들더라도 일보다 잿밥에 한눈을 팔면 있었던 일자리마저 줄어들기 마련이다. 일자리를 늘리는 것은 일을 '제대로', '잘'하는 일꾼들의 몫이다. 일꾼이 자신과 사회를 살릴 수 있다.

　그렇다면 어떻게 해야 뛰어난 일꾼이 될 수 있을까?

　빌 게이츠^{Bill Gates} 같은 이들은 대학을 졸업하지 않고도 뛰어난 일꾼이 되었다. 여러 기업에서는 신입사원들에게 일을 처음부터 다시 가르치기도 한다. 회사에서 택시기사들에게 입사 후에 운전면허를 다시 취득하게 해 주는 셈이다. 학교 공부가 필요 없다는 뜻은 절대 아니다. 지식 위주만의 공부로는 부족하다는 것이다. IT의 발달로 이제는 누구나 지식을 쉽게 얻을 수 있기에 더 이상 아는 것만이 힘은 아니다.

　지식과 함께 그 지식을 실현 시키는 일을 하는 기본적인 자세, 요령, 순서, 협동심, 창조능력과 지혜가 바로 힘이 아닐까 생각한다. 그런데 이러한 일을 하려거든 일의 방식을 제대로 익혀야 한다.

　"일을 그냥 하면 되지 무슨 방식까지 배워야 하느냐?"고 할

수도 있겠지만 그렇지 않다. 세상이 뿌리째 바뀌고 있다. 이제는 일을 아무리 열심히 해도 닥치는 대로나 시키는 대로만 해서는 안 된다. 뛰어나게 잘 하는 것이 필요하다.

나는 통화, 감독당국과 금융, 제조, 건설기업의 흥망성쇠를 겪으며 일을 해 왔다. 그러나 일을 함에 있어서 뛰어나지는 않았다. 일을 하는 행동방식 즉 그 일을 하는 동작에서 개인과 조직의 성패가 결판난다.

지금 일을 하거나 준비하는 모든 분들은 싸우고, 챙기고, 나누고, 만드는 단 4가지의 동작을 제대로 익히기 바란다. 처음에는 낯설고 힘들겠지만 익숙해지면 차츰 재미도 있고 흥미도 느낄 수 있을 것이다.

세계1등이 혼자서 독식을 하면 나에게는
아예 기회가 없는 것은 아닐까?
그들에게는 어떠한 비결이 있는 것일까?
그들을 따라 할 수는 없을까?
앞으로는 어떤 사업이 돈이 될 수 있을까?
나의 동력을 살려낼 수는 없을까?
어떻게 해야 일을 뛰어나게 잘 할 수 있을까?

　세상이 어떻게 바뀌더라도 기회조차 사라지는 것은 결코 아닐 것이다. 기회의 문, 일등의 비밀, 공부의 요령, 가치의 창조, 성장의 동력과 뛰어난 일꾼들의 동작이 나와 있는 좋은 책들을 읽고, 직접 강의를 해보고, 서로 이야기를 나누면서, 그들만이 하는 행동방식들을 줄기차게 익히기 바란다. 그래서 여러분과 여러분의 자녀들 그리고 여러분의 기업 모두가 뛰어난 일꾼이 되기를 간곡하게 기원한다.

　끝으로 훌륭한 책을 참고할 수 있도록 배려해준 출판사와 저자들에게도 깊은 감사의 마음을 전해 드린다.

2014년 1월에

조덕중

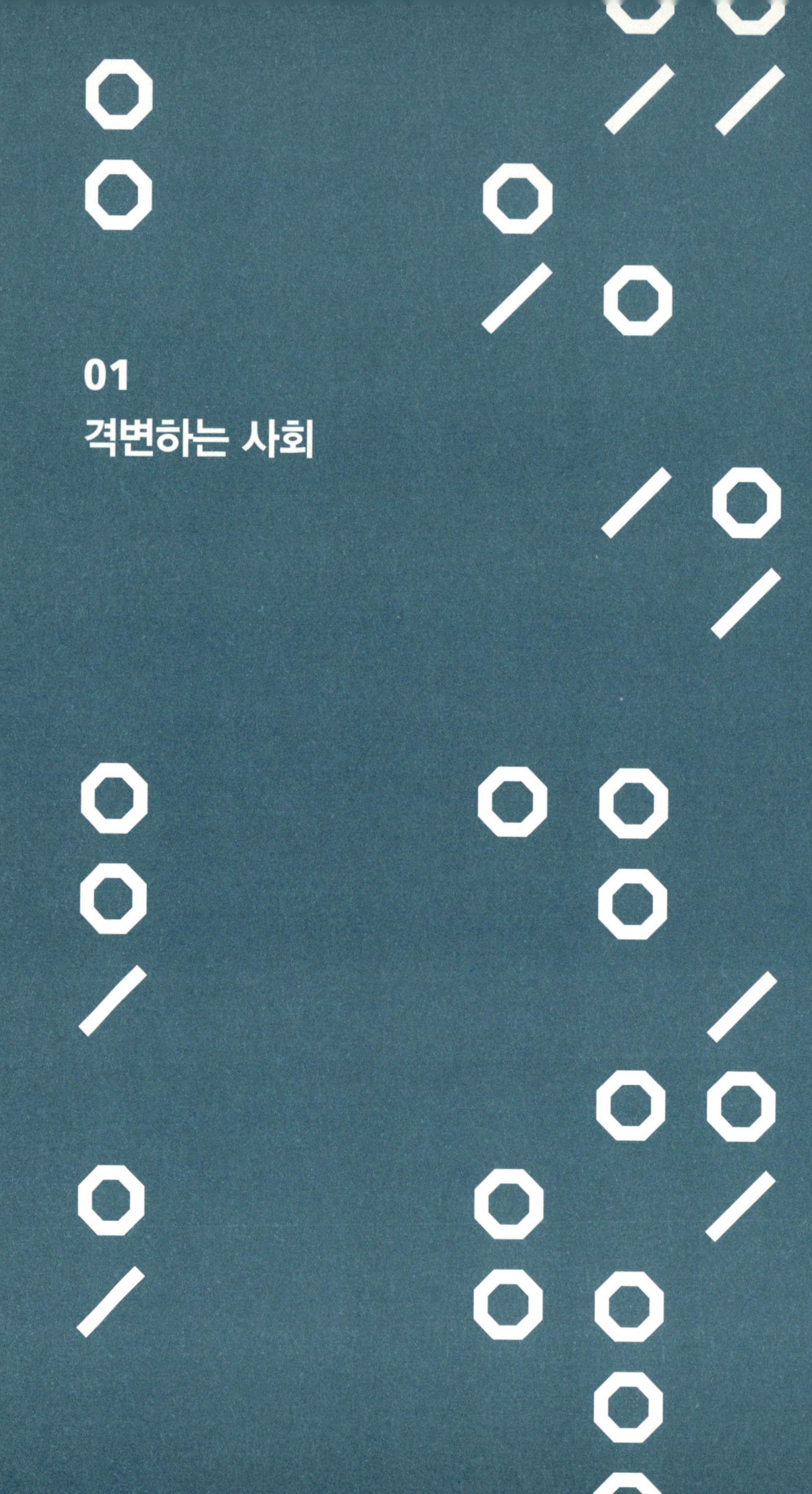

01
격변하는 사회

디지털과 글로벌화로 인해 압도적으로 많은 하류 계층이 생겨 다시는 중·상류 계층으로 올라갈 수 없게 되는, 암울한 '양극학 사회'가 오고 있다.

이러한 때, 무선인터넷을 기반으로 하는 스마트 혁명이 일어나고 있다. '스마트와 소셜'의 힘으로 개인의 기술과 정보가 거의 무한대의 공간으로 열리는 '스마트 월드'가 시작된 것이다. 이것은 정보사회의 패러다임이 뿌리째 바뀌고 있다는 의미이기도 하다.

접 속 의

함 정

디지털과 글로벌화의 지속적인 영향에 따라 사회의 각 부분에서 미디어 접속의 혁명이 동시에 진행되고 있다. 지금까지는 체념해야만 했던 영역이 순식간에 접속 가능한 개인의 영역으로까지 확대된 것이다. 소유의 종말이라는 말도 더 이상 낯설지 않다. 소유Possess의 시대에서 접속Access의 시대로 넘어가고 있다고 한다. 민주화라 하기도 하고.

각자가 신무기를 손에 쥐게 된 셈이다. 이것은 좋은 일이지만 그 결과가 그렇게까지 반갑지만은 않을 수도 있다. 오히려 반대가 될 수도 있는 것은 접속 뒤에 함정이 기다리고 있기 때문이다. 호사다마好事多魔라고나 할까? 하지만 엄연한 현실이다.

대도시와 소도시간에 고속도로가 개통되었다고 가정해 보자. 당연히 소도시에 사는 사람들의 생활이 편리하게 될 것으로 예상했다. 그러나 결과는 경제가 대도시로 집중하게 되었다. 지하철 9호선과 신분당선이 개통 되었을때도 마찬가지였다. 도심에 가까워진 서울의 서부와 남부지역이 좋아질 것이라고 했지만 기대와는 달리 강남이 더 번화해졌다. KTX의 운행으로 서울과 더 가까워진 지방 대도시의 경기는 오히려 더 약해졌다.

처음 기대와는 다르게, 사회가 발전하면 할수록 강자와 약자의 차이로 인해 상대적 박탈감이 훨씬 심해지고 있는 상황이다.

여전히 소유는 유효하고, 누군가는 고양이 목에 방울을 달아야 한다는 문제가 아직 남아있다. 접속 뒤에는 함정이 있다. 가난한 사람들은 여전히 힘이 들 뿐이다. 소유의 종말이 아니다. 그렇다고 접속의 환호도 아니다. 다만 접속 뒤에 바로 함정이 있을 뿐이니 함정을 피할 수밖에 없을 것이다.

『90%가 하류로 전락한다』

저자. 후이지 겐키 / 옮긴이. 이혁재 / 출판사. 재인

일본은 한국의 최대 수입국이자 미국 다음 가는, 세계 2위의 국부를 지녔으며, 한국을 10~20년 앞서 간다고 해왔다. 일본의 국제문제 전문가가 본 양극화 사회에 대한 예측을 들어보겠다. 어떻게 하면 다가오는 양극화 사회에서 하류로 떨어지지 않을 수 있는지 함께 생각해보자.

후이지 겐키 / 줄거리

일본은 1950년대 후반부터 경제가 고도로 성장하였다. 그래서 1980년대 후반까지 대다수의 사람들은 하류에서 중류로 올라갈 수 있었다. 중산층의 소득은 매년 올라갔고, 더 올라 갈 수 있다는 희망이 넘쳤다.

그러나 지금은 매일 국가의 빚이 1,000억 엔씩 늘어나는 나라, 인구가 줄고 고령화가 속도를 내는 나라, 실력이 아닌 학력이 좌우하는 나라, 위기를 감추고 개혁을 거부하는 정치인이 득세한 나라, 소득 격차가 확대되는 양극화 사회가 되어 가고 있다.

이처럼 일본이라는 선진국가의 후퇴는 많은 점을 시사한다.

세계는 이제 하나의 마을이 되었다. 그러나 세계가 하나가 되었다는 글로벌화가 인간을 행복하게 하지는 못한다. 가난했던 공산국가나 제3세계 사람들은 서방 선진국처럼 되고자 열심히 공부하고 일했다. 반면 선진국 사람들은 예전의 방식 그대로 살았기 때문에 어떤 면에서는 과거보다 생활 수준이 떨어졌다. 인구 13억 명의 중국에는 일본인 임금의 1/30정도만 받고 일하는 근로자가 수억 명이다.

앞으로 선진국의 노동자들과 학력이나 능력이 비슷한 브라질, 러시아, 인도, 중국, 즉 브릭스BRICs를 중심으로 한 수많은 저개발국가의 노동자들이 글로벌 경제에 들어오게 된다면, 선진국의 노동자들은 일자리를 잃고 수입도 계속 줄어들 것이다. 이제는 국내 노동자가 아니라 같은 능력을 가진 전 세계의 노동자가 라이벌이다.

또 과거에는 사람이 했던 노동을 IT가 대체함으로써 노동자가 필요 없게 된 분야도 있다. 서비스나 정보산업에서는 개인의 능력차이가 한층 뚜렷하게 나타나고 그것이 바로 빈부의 격차로 이어지고 있는 것이다.

글로벌화는 결국, 세계 경제를 평준화시킬 것이

다. 전체적으로는 하류층이 계속 늘어나고 있다. 결국, 미국이나 영국의 계급 사회처럼 상류 2~3%, 중류 15~20%, 그리고 나머지 전부가 하류가 되거나 하류가 압도적으로 많은 사회가 될 때까지 이런 흐름은 계속 될 것이다. 그리고 다시는 중·상류층으로 올라갈 수 없게 될 수도 있다. 어둡고 암울한 신계급 사회가 오고 있는 것이다. 말로만 개혁을 외치는 정치인들은 증세와 복지 삭감으로 하류화를 더욱 가속시킬 것이다.

일본의 하류는 어떤 의식을 갖고 어떤 생활을 하고 있을까? 본인의 생각에 다음 질문들이 맞으면 O, 틀리면 X로 하나씩 체크해 보자.

1. 실생활에서 영어는 필요 없다고 생각하여 잘하지 못하며 영어 회화는 거의 불가능하다.
2. 안정성 위주로 투자하고 있다.
3. 가능하다면 두 가지 직업을 갖고 싶다.
4. 프로야구나 축구팀 중 응원하는 팀이 있다.
5. 업무 외로 컴퓨터나 휴대전화를 끼고 산다.
6. '성공하려면~' 류의 자기 개발서를 곧잘 본다.

7. 'Only One', '개성적'이라는 단어를 좋아한다.

8. 공무원이 가장 안정된 직업이라고 생각한다.

9. 결혼의 첫 번째 조건은 두 사람 사이에 사랑이 있어
    야 한다.

10. 명품을 좋아한다.

11. 해외여행도 가지만 국내 여행을 더 좋아한다.

12. 워드프로세서와 엑셀은 다룰 수 있지만 파워포인트
    는 못한다.

13. 외제차를 더 좋아한다.

14. 여자는 피아노처럼 교양 있는 취미 하나 정도는 가져
    야 한다고 생각한다.

15. 평생 독신으로 살아도 무방하다.

16. 오락 TV를 즐겨 본다.

17. 교육에 대한 투자는 낭비다.

18. 모험적이고 창의적인 사업 방식은 찬성하지 않는다.

19. 성과주의는 우리에게 맞지 않는다.

20. 국제 뉴스에 관심이 없다.

만약, O라고 대답이 되는 항목이 11개 이상이라면
하류로 전락할 가능성이 크다. 6개 이상이면 중ㆍ하류,

5개 이하면 힘들게나마 중류에 머물 가능성이 있다.

얼마 전까지만 해도 중류 이상의 삶이었던 내용들이 이제는 모두 하류로 내려왔다. 그리고 그것이 요즘 젊은 세대들의 라이프스타일이 되어 버린 것이다. 그럼에도 젊은이들은 아직도 오늘날의 사회 구조를 알아차리지 못하고 있는데 정부가 이에 대한 대책이 없다는 것까지 안다면 그들에겐 정말 암담한 현실이 될 것이다.

사실 일본의 엘리트는 진정한 엘리트가 아니다. 필기시험 단 한 번으로 된 고급 관료나 세습, 연공서열만으로 승진한 기업 경영자들처럼, 진정한 능력사회라면 올라가지 못했을 사람들이 일본의 사회를 지배하고 있다.

이후 일본 기업이 요구하는 인재는 글로벌화에 맞는 소수 엘리트와 전문 스페셜리스트 외에 다수의 활기 넘치는 저임금 노동자일 뿐이다. 이러다가 일본은 국민 대부분이 하류층으로 떨어지게 될 지도 모르겠다.

하류로 떨어지지 않으려면 이념이나 사상 없이 살 수 없다는 하류 마인드를 버려야 한다. 미국의 상류층이 굳게 믿는 것은 "자본을 결코 빼앗겨서는 안 된다."는 것뿐이라고 한다. 록펠러John Davison Rockefeller에게는 신사 참배를 하든지 말든지, 수니파와 시아파가 싸우든지 말든지, 보수이든지 진보이든지 아무 상관이 없다는 것이다. 결코 막을 수 없는 글로벌화에 대비하여야 한다. 글로벌화를 통하여 한번 열린 시장을 다시 닫는다는 것은 불가능하기 때문이다. 글로벌화에 대비하여 세계 공통의 자격을 잡기 위한 방법을 살펴보자.

1. 미국이나 일본의 경우, 일반적인 대학교를 졸업했을 때, 사회에서의 인정은 약해지는 반면, 명문대의 가치는 갈수록 높아진다. 세계가 하나로 통합된 명문 학력에 의한 계급사회가 올 것이다. 해외 명문 대학으로 유학을 가라. 영어와 유학은 신계급 사회로 가는 '여권'이다.
2. 공무원은 절대로 되지 마라.
3. 기업에 취직하려거든 세계를 상대하는 곳으로 가야한다.
4. 최소한 영어 하나, 더불어 외국어 1개 정도는 해야 한다.
5. 전문직을 갖고, 세계 공통의 자격을 취득하고, 샐러리맨이 아니라 비즈니스맨이 되어라.
6. 컴퓨터 지식과 기술을 익혀라.
7. 해외 뉴스에 주목하라.
8. 금융, 경제 지식을 익혀라.
9. 'Only One' 따위의 가치관은 버려라.

10. 애국심을 가져라.

그렇다면 빈부의 격차는 왜 벌어졌을까?
1. 글로벌화가 진전되었다.
2. 정부의 빚이 늘어났다.
3. 패배의 진영에 속한 사람들이 늘어났다.

이유는 이 셋뿐이다. 격차의 확대는 모든 나라의 공통된 현상이다. 이제 국민은 정부와 함께 가난해질 것이며 특히 국내파는 더 궁핍해질 것이다. 돈을 버는 것은 글로벌 기업과 외국 자본뿐이다. 국가가 어떻게 되든지, 개혁이 되든지 말든지, 양극화 사회나 계급 사회는 반드시 찾아온다. 하류란 재산뿐 아니라 정신까지도 가난한 사람들이다. 어제의 사고방식으로는 하류층으로 떨어질 수밖에 없다. 생각을 바로 잡지 않고 있다가는 평생 동안 하류에서 벗어나지 못할 수도 있다.

21세기는 세계 전체가 실력주의 시스템에 의해 학력·능력 계급 사회가 되는 시기이다. 지금부터는 새로운 게임을 시작해야 한다. 사고방식을 새로 잡고 그 새로운 사고방식으로 움직여야만 할 것이다.

1 / 2

스마트 월드

불과 1~2년 사이에 스마트폰이 엄청나게 보급되어 서로간에 실시간으로 이동하고 연결되는 일들이 폭발적으로 늘어나고 있다. 이제는 국가나 이념 속에 정해졌던 구분들이 희미해지고, 자본주의의 바탕인 사유私有가 한계에 부딪히고 있다. 양극화 사회와는 다르게 한편에서는 스마트 월드가 시작되고 있는 것이다. 스마트 월드가 양극화 사회와 어떤 모습으로 결합할지 아직은 알 수 없으나, 분명한 것은 새롭게 출현하는 스마트 월드의 미래는 선량한 다수의 집단 지능에 달려 있다는 것이다.

한국은 수많은 역경 속에서도 역동적으로 달려왔다. 경제 성장과 IMF 이후 여러 난제들을 맞고 있지만 미국과 안보동맹을 맺고, 중국에 수출을 가장 많이 하고, 일본에서 수입을 가장 많이 하는 등 강대국들과의 관계를 밀접하게 이어왔다.

또한 인구의 절반이 수도권 등에 모여 살며 세계적 수준의 치안, 교통, 통신 시스템을 지녀 사회의 효율성이 높다. 국민들이 세계에서 가장 일을 많이 하기 때문에 좀 더 긴 안목으로 가치 있는 일을 제대로 한다면 훨씬 더 발전할 것이다.

특히 세계 유일의 분단국가라는 난제가 집단 지능을 탁월하게 높여 스위스나 덴마크보다 더 강소국이 될 수 있는 소지가 많다. 선량한 다수의 집단 지능이 관건인 셈이다.

『호모 모빌리언스』

저자. 이민화 / 출판사. 북 콘서트

새로운, 초강력의 모바일 네트워크 시대가 오고 있다. 그리고 그 네트워크를 창조하여야 할 사람들은 바로 선량한 다수이다. 스마트와 소셜, 두 가지의 힘으로 열리는 스마트 월드에 대하여 한국벤처의 산 증인인 이민화 박사의 저서를 통해 제대로 알아보자.

이민화 / 줄거리

스마트 월드의 탄생과 진화

혁명

모든 문명이 가정으로 들어 왔다. 제조 공장도 집 안으로 들어왔다. 서로 다른 시간과 공간이 융합하면서 서로 다른 일과 놀이가 만나 하나로 합쳐졌다. 사람들이 지식을 얻는 과정이 뿌리째 바뀌고 있다. 사실상 영역으로서의 국가는 점점 약해지고 있는 것이다.

집단 초 인류

누구든지 대단한 지능을 가진 스마트폰을 아바타

로 하여 슈퍼지능을 가지게 되고, 한 사람의 개인으로부
터 집단으로서의 인류로 다시 태어나게 될 것이다. 애플,
구글과 마이크로 소프트에 속한 리더들의 공통된 메시지
는 PC 기반의 유선 IT 혁명보다 훨씬 더 거대한 무선 인
터넷 기반의 스마트 혁명이 다가 오고 있다는 것이며 '스
마트와 소셜'이라는 두 개의 힘이 인류를 새로운 진화로
이끌어 갈 것이라고 한다.

이 두 힘이 합쳐진 새로운 슈퍼 초 인류 즉, '호모
모빌리언스'가 등장하고 있는 셈이다. 그리고 이 집단은
다시 소셜 네트워크라는 집단 초 인류로 진화할 것이다.

신인류인 호모 모빌리언스라는 새로운 네트워크
는 융합과 선순환의 네트워크이다. 실크로드로부터 고속
도로에 이르는 오프라인과 온라인 네트워크가 결합한, 새
로운 초강력 모바일 네트워크가 오고 있다. 이러한 모바
일 네트워크를 이끄는 세력이 바로 미래의 주역이 될 것
이다.

스마트 월드

미래의 개인은 초 인류 집단의 일원으로서 모든

세계가 그 위주로 다시 짜여질 것이다. 그것은 바로 부분이면서 동시에 전체라고 불리는 '홀론holon'으로의 융합이다. 자신의 개성은 개성대로 지키면서 자신의 능력 뿐만 아니라 그와 이어진 많은 사람들의 역량까지를 합쳐서 전에 없었던 엄청난 능력을 갖게 될 것이다. 즉 소셜 네트워크, 소셜 미디어, 소셜 러닝, 소셜 헬스 케어, 소셜 게임처럼 모든 소셜 현상들이 바로 개인화인 동시에 집단화하는 홀론으로 융합된다는 것이다.

집단 학습

신인류인 호모 모빌리언스가 탄생하는 비밀의 본질은 무엇일까?

개미는, 한 마리의 개미로서는 영리하지 않다. 단지 개미 집단이 영리할 뿐이다. 집단의 떼 지능은 개체의 지능보다 차원이 높다. 개체의 시행착오를 통하여 성공 사례를 늘려 자기 조직화를 이룩해 나가기 때문이다. 구성원이 뭉친 개미나 벌같은 집단이 움직이는 방식을 자기 조직화라 한다. 자기 조직화의 큰 비밀은 부분의 실패로 전체가 배우는 집단 학습이다.

창발성

집단의 크기가 커지면 구성 요소에게는 전혀 없던 창발적인 패턴이 갑자기 나타나게 된다. 신인류를 알기 위해서는 먼저 창발성을 이해해야만 한다. 숲을 알려면 나무 하나하나에 대한 지식이 아니라 숲 전체의 특성을 이해해야 하는 것과 마찬가지다. 통합된 전체로서의 인간을 보아야 할 것이다. "전체는 부분의 합계보다 더 크다"는 옛부터 내려오는, 생명에 관한 멋진 명제를 다시 한 번 새겨봄 직하다.

초超 생명

인간 사회의 실시간 이동 연결성이 폭발적으로 늘면서 엄청난 상호작용을 촉발시켜 초 생명으로 진화시키고 있다. 초 생명 진화의 첫 번째 현상은 휴대전화를 통해 스스로 자기 조직화한 '붉은 악마'라고 할 수 있다. 두 번째는 트위터, 페이스북, 카카오톡과 같은 소셜 네트워크 서비스로서 인류의 상호 작용을 급격히 늘리면서 새로운 진화를 이끌어 내고 있다.

자기 조직화에 의한 신인류의 탄생

우리 몸을 이루는 60조 개의 세포가 각각 하나의 세포인 동시에 전체로서는 몸의 일부 역할을 담당한다. 60조 개의 세포들은 단 1개의 정자와 난자가 결합한 수정란으로부터 촉발되었다. 1개의 수정란이 60조 개의 세포로 늘면서 어떤 세포가 손톱이 되고, 어떤 세포가 머리카락이 되는가는 놀랍게도 어떤 세포도 이를 지시하지 않는다고 한다. 전체적인 변화를 주도하는 주관자가 있는 것이 아니라 시스템 전체의 역동적인 특성이 그 시스템의 일부를 내놓고 있는 자기 조직화를 이루고 있다.

자기 조직화하는 네트워크는 정규분포가 아니라 참여도가 아주 높은 구성원과 극히 낮은 구성원이 공존하는 이른바 80:20 법칙이 작용한다. 세상은 어쩌면 쉬운 원리의 반복이라 할 수 있다. 스마트 디바이스Smart Device라는 연결성이 소셜 네트워크의 상호 작용과 같이 움직여 새로운 생명 현상 즉, 초 인류를 창발적으로 만들어 내어 신인류가 태어나는 것이다.

인간 중심의 통합

기계는 절대로 부분이 전체를 반영하지 않는다. 하지만 자기 조직화된 생명체는 부분이 전체를 반영한다. 개인이 집단의 기계적인 부품이 되지 않고 개인의 외연이 확장되고 있는 것이다. 초 인류는 집단의 기계적인 일부가 아니라 개인을 중심으로 집단을 재편하는 것이다. 세상이 나를 중심으로 재편되는 것이 SNS 혁명의 패러다임이다. 스크린 뿐만 아니라 모든 멀티미디어가 인간을 중심으로 통합되고 있다. 스마트 TV, 스마트패드, 스마트폰이 모두 하나로 연결되면서 그 중심에는 개인의 아바타인 스마트폰이 있다.

스마트 월드의 미래

공유를 통한 수확 체증

생산의 3대 요소인 토지, 노동, 자본이 사람, 아이디어, 재료로 바뀌고 있다. 구경제의 요소는 공유할 수 없지만, 신경제의 생각이나 지식은 공유할 수 있다. 공유를 통하여 서로가 발전해 나가는 생각으로써의 진화에는 끝이 없다. 윈도즈^{Windows}라는 컴퓨터 프로그램을 하나 개발하는 데에는 수백억 원이 들지만 두 번째, 세 번째를 만들어 내는 데에는 공 CD만 있으면 된다.

지식 경제학의 특징은 수확체증의 법칙이다. 기술적, 과학적, 사회적 현상들이 과거의 양식과 연결 융합을 통해 새로운 양식을 창조하고 끊임없이 이동할 때 창조적 도약이 발생한다. 이것이 바로 네트워크의 도약 패턴이다.

집단 창조성에 따른 학습의 변화

과거에는 학교가 세상을 앞서 갔지만 이제는 세상이 학교를 앞서 가고 있다. 집단 창조성은 선생님이 가르치는데서 스스로 배워나가는 자기 조직화를 통한 학습으로서 학습 그 자체를 변화시킨다. 이제 교육은 적게 가르치고 많이 배우는 새로운 패러다임으로 이동한다. 콘텐츠를 습득하는 기존의 학습 방식은 한계에 도달했기 때문이다.

교육은 맥락중심의 지식학습으로 바뀌어 문제 해결 능력을 키우게 될 것이다. 학교의 활동들은 수많은 그룹으로 공유되고, 학생들은 스스로 배우는 프로슈머^{Prosumer}가 되고 있다. 스마트 플랫폼을 제공하는 것이 바로 대학의 역할이 될 것이며, 이제 대학도 교수와 학생들의 자기 조직화를 통한 집단 생명으로 진화하고 있는 것이다.

스마트폰의 진화

스마트폰은 10년 내에 기존 화폐를 대체하게 될 것이다. 스마트폰의 미래는 신인류 혁명과 함께 시작되었다. 스마트폰은 인간의 모든 활동을 기록하고 인간처럼 유연한 피부로까지 진화될 것이며 모든 삶은 스마트폰으로 연결될 것이다.

온라인화가 웹 1.0이었다면 온라인 지식과 정보를 개방하고 공유하는 것이 웹 2.0이고 폭발적인 데이터를 개인 중심으로 조합하여 단순화시켜 나가는 것이 웹 3.0이다. 스마트폰은 이제 생명을 가지고 다른 폰들과 상호 작용을 할 것이다. 이보다 더 충실한 호모 모빌리언스의 비서가 어디 있을까?

인터넷의 성장도 컴퓨터가 아닌 스마트폰 사용자의 손에 달려있다. IT 기술과 위치 정보의 통합 서비스업인 한국의 대리운전은 이미 수산업 규모를 넘어섰다. 또한 한국이 발명한, 독특한 형태의 스포츠인 스크린골프는 한 해에 천만 명 이상이 즐기고 있다고 한다.

실제 환경에 가상적인 사물이나 정보를 컴퓨터 그래픽 기법으로 합성하여 원래의 환경에 존재하는 사물처럼 보이도록 하는 증강현실augmented reality은 관광, 교육 등 수많은 분야에서 녹색 혁명의 본질적인 역할을 할 것이다.

유 헬스 케어U-health care

급격한 노령화 추세, 젊은 층의 웰빙 트랜드라는 두 가지 기회와 이를 해결할 수 있는 스마트 병원이라는 삼박자가 맞아 떨어진다. 고혈압, 당뇨, 요실금, 천식 등 고령화에 따르는 만성질환들은 병원에서 치료하기에는 현실적인 국가 재정의 한계가 있지만 그렇다고 치료를 안 할 수도 없다. 이에 대한 대안이 바로 스마트 기술을 활용하여 만성 질환을 관리하는 '유 헬스 케어'다. 이를 활용하여 다이어트와 미용, 헤어스타일 등 각종 웰빙 관리를 전문가와 실시간으로 연결하여 관리할 수 있겠다.

부작용

스마트폰 세상에는 "나는 연결된다. 고로 나는 존

재한다."의 부작용도 있다. 많은 사람들은 연결 중독과 확인의 강박에서 살 것이다. 신인류는 이러한 인간의 상실감 뿐만 아니라 사회 제도와의 충돌, 공적 영역과 사적 영역의 혼란, 집단 광기가 우려되고 있다.

프로슈머^{Prosumer}의 확산

소셜 네트워크 서비스는 사용자들 사이의 자유로운 의사소통과 정보 공유, 인맥 확대 등을 통해 사회적 관계를 만들고 강화시켜 주는 온라인 플랫폼이다. 이제는 소비자와 생산자가 직접 거래를 할 수 있게 된다. 시장의 권력은 소비자에게로 넘어가고 더 나아가 소비자가 직접 생산하는 프로슈머가 늘어나게 될 것이다.

플랫폼 기반의 기업 생태계

창조성은 동일한 생각을 가진 집단이 아니라 다양한 생각을 가진 집단에서 시작된다. 신인류가 이끄는 새로운 경제는 혁신을 중심으로 하는 창조 경제라 할 수 있다. 창조성이 기업 차별화의 핵심이다. 조직이 작을수록 혁신이 활발해지고, 커질수록 시장과의 소통이 잦아진다.

거대 기업은 혁신이 어려우므로 부분과 전체를 분리하는 플랫폼 구조가 되게 될 것이다. 플랫폼이란 두 개의 가치를 하나로 융합하는 기업들의 새로운 진화를 말한다.

이제는 성공할 가능성이 있는 프로젝트만 수행할 수 없다. 기업 활동을 대중이 참여할 수 있도록 일부를 개방하고 늘어난 수익을 참여자와 공유하게 될 것이다. 혁신을 개방하지 않는 기업과 국가는 경쟁에서 밀리게 된다.

기업의 자기 조직화

이제 기업의 조직은 기계적 조직에서 생명을 가진 유기적 조직으로 재탄생하게 된다. 부분이 전체를 반영하는 홀론의 원칙에 따라 정보의 공유, 가치의 공유, 이익의 공유가 이루어지게 되고 이 세 가지가 공유되었을 때 기업은 자기 조직화를 향해 나간다. 과거처럼 주주중심이 아니라 주주와 임직원, 고객이 서로 선순환하게 될 것이다.

네이버, 구글, 페이스북 등 회사를 놀이터로 만드는 기업들이 승승장구하고 있다. 이제는 일이 놀이가 되고, 놀이는 다시 일이 될 것이며 창조성이 생산성을 좌우하는 중심이 될 것이다.

개방과 공유

나만이 소유하려는 사람들은 결국 남과 제휴를 맺지 못해 경쟁에서 도태된다. 앞으로는 공유 그 자체가 대세이며 투명성의 시대가 될 것이다. 착한 사람들이 반복되는 게임의 승자가 될 것이다. '자원'에서 '관계'로 핵심 가치가 옮겨지고 있다.

이제 기업과 사회가 융합되고 경제는 정치와 선순환적인 융합이 되어야 한다. 지금부터의 패러다임은 개방과 공유다. 개방의 도전 속에서 호모 모빌리언스의 꽃을 피워야 한다. 호모 모빌리언스의 세계는 융합의 세계이며 천지인이 융합된 신인류는 살아 있는 유기체다. 개인이 사라지는 것이 아니라 개인의 힘이 극대화 된다는 것이다.

2040년쯤에는 진화를 거듭한 로봇이 사람처럼 보고, 생각하고, 말할 수 있게 된다고 한다. 미래 학자들은 이 시점을 '특이점'이라고 한다. 그러나 호모 모빌리언스의 미래는 누구도 예측할 수 없다.

미래를 예측하는 가장 좋은 방법은 미래를 창조하는 것이다. 신인류의 집단 지능이 발현되기를 기대한다.

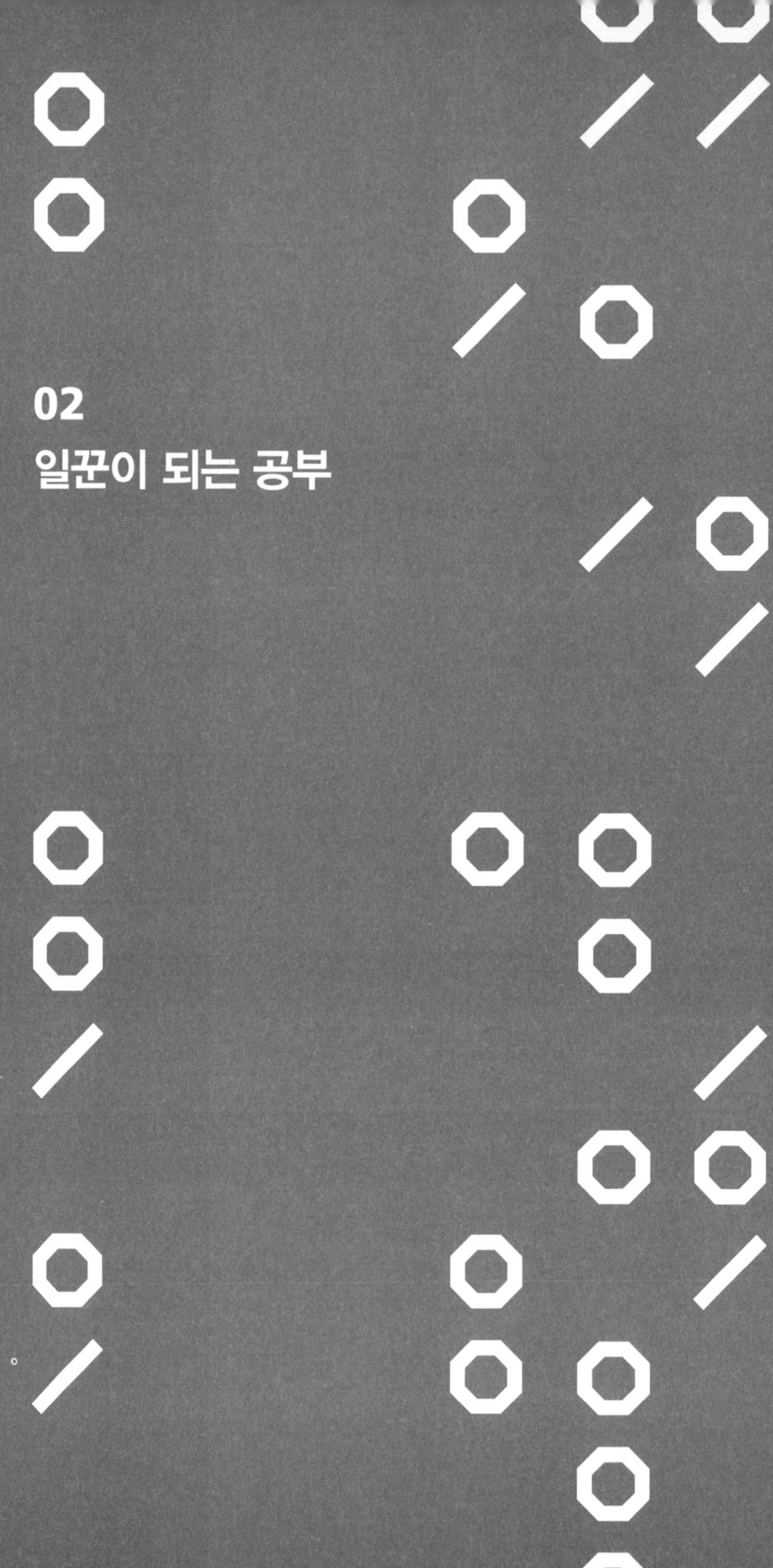

02
일꾼이 되는 공부

뛰어난 일꾼

사회는 인류의 중요한 조직

2,300년 전에 아리스토텔레스는 인간을 사회적인 동물이라고 하였다. 사람은 서로 일을 나누어 하고 그 일로 인해 나온 가치를 서로 바꾸며 살기 때문에 여럿이 모여 사회를 이룬다. 분업과 교환이 없는 다른 동물들은 동물 가족이라고는 해도 사회라고 하지는 않는다. 글로벌과 IT의 발달로 인류 사회는 지구 전체로 확대되어 하나로 되어가고 있다. 사회는 국가나 가정보다도 더 오래 지속될 것이고, 그 둘을 포함한다고 할 수도 있겠다.

사람은 일하는 동물

회장이라고 하면 흔히 돈이나 권력이 떠오르겠지만 회장이라 해서 양말을 두 켤레씩 신거나 백 오십 살까지 사는 것은 아니디.

"오늘은 또 누가 내 돈을 뺏어 가려고 할까? 재산이 일조 원을 넘을 때부터 하루도 편할 날이 없네. 완전히 돈의 노예야! 대학 나와서 기업에 들어가 임원을 하다 계열사 사장이나 한 번 하고 50억 원 정도 있으면 제일 좋은 것 아냐?"

어느 대기업 회장님이 했던 말이다.

그들은 매일, 이젠 그만 해야지 하면서도 다음 날 아침 눈을 뜨자마자 새로운 일거리에 가슴이 뛰는, 말릴 수 없는 일꾼들일 뿐이다. 아마 그들만이 갖는 큰 특권은 죽는 그날까지 일을 할 수 있는 것이리라.

분업과 교환으로 움직이는 사회의 두 축은 일과 돈이다. 대체적으로 살기 위한 수단으로 일을 하지만 숨을 쉬지 않으면 죽듯이 일을 하지 않으면 사회 역시 움직일 수 없다. 일은 살기 위한 수단만이 아니라 엄연히 삶의 중요한 부분이기도 하다. 일의 양과 종류가 다르더라도, 회장이 아니더라도, 살아있는 동안 해야 하는 것이 일이라는 뜻이다. 인류는 오랫동안 그렇게 해서 지금에 이르렀다.

일은 그 자체로 삶이기 때문에 자신이 좋아하는 일을 해야 한다. 그래야 더 잘 할 수 있고, 더 잘 할 수 있어야 즐기게도 된다. 일로 생긴 스트레스를 음주가무나 힐링healing 외에 일로 푸는 방법도 있을 것이다以熱治熱. 사람은 어차피 일을 하고 살아가야만 하는 '일하는 동물'이기 때문이다.

모든 일은 소중하다

일의 뜻을 정확하게 규정하는 것은 어렵겠지만 힘들거나 쉽거나, 귀하거나 천하거나, 쓸모가 많거나 적거나를 막론하고 새로운 가치를 만들어 내고, 돈이 되며, 힘이 들어가는 움직임은 모두 일이라고 할 수 있을 것이다. 시장에서 돈을 받고 하는 것 뿐만 아니라 그러한 것들을 준비하는 일체의 행위도 일로 볼 수 있을 것이다. 지위가 높든지 낮든지, 기술과 지식이 어떻든지, 심지어는 나이, 성별, 종교나 출신에 관계없이 모든 사람들이 하는 일은 소중하고 의미가 있다. 단지 남의 일을 가로 막거나, 남을 힘들게 하거나, 남의 돈을 탕진하는 일은 손가락질 받아 마땅하다.

일과 일자리의 변동

사람들이 몸으로 했던 일들을 기계가 하고, 머리를 써서 했던 일들은 컴퓨터나 스마트폰이 하게 되었다. 세상이 빠르게 바뀌며 일의 모습도 크게 바뀌고 있다. 일이 바뀐다는 것은 일자리가 바뀐다는 것이다. 많은 일자리들이 사라지고 있다. 한편으로는 퇴화한 일자리를 붙들기 위하여 기득권들이 일을 꾸미기도 한다. 있었던 자리가 없어지는 것은 쉬운데 새로운 자리를 만들기는 참 어렵다. 이렇게 양쪽에서 협공을 당하기 때문에 많은 사람들이 힘든 것이다.

일을 '제대로', '잘하는' 뛰어난 일꾼에게 오는 기회

한국인은 세계에서 가장 많은 일을 하는 것으로 알려져 있다. 그럼에도 불구하고 IMF의 구제금융을 받았다. 또 이를 벗어나려고 더욱 더 땀을 흘렸다. 그런데도 여전히 난제를 안고 있다. 왜일까? 아마도 일자리와 돈에 급급하여 일을 제대로 하지 않았기 때문일 것이다.

국민소득 2만 달러라는 숫자가 구인구직, 조기 퇴직, 노령화, 양극화, 전세난, 자영업 침체, 과다한 육아비용, 성장 정체, 가계부채 등의 해답은 아니었다. 혹시나 하여 7% 성장, 4만 달러 소득, 세계 7대 강국이라는 번쩍 뜨이는 공약을 낸 사람을 뽑기도 하였다. 하지만 사회의 에너지가 일이 아니라 자리와 돈에 탕진되면 아무리 부지런히 일을 하더라도 그러한 약속과는 달리 헛수고가 되고 만다.

IMF 때에 공무원 수는 잠시 줄었다가 지금은 그 이전보다 더 늘어나 백만 명이 되었다. 공무원이 늘어난 이유 중의 하나는 일자리를 늘리기 위해서다. 사회 전체의 일자리는 돈을 붓거나 공무원 숫자를 늘린다고 해서 꼭 늘어나는 것은 아니다. 전력회사를 나누어 일자리가 늘어났더라도 일을 잘못하면 전기 사용이 제한되어 산업경쟁력이 약화될 뿐만 아니라 백여 명 가까이를 기소해야 하는, 없어도 될 일들만 벌어지기도 한다.

이제는 "성공은 놔두고라도 나는 그저 길게 다니기만 할 거야!"라고 하기도 쉽지 않다.

　일자리는 근본적으로 정부나 노동조합이 아니라 각자의 일꾼들이 일을 잘 할 때에만 지켜지고 늘어난다. 개인이든, 조직이든, 그 누구라도 일을 뛰어나게 하면 기회의 문이 열릴 것이고, 일보다는 자리 차지에만 몰두하다 보면 그 문은 이내 닫힐 것이다.

공
부
의

요
령

중국 역사상 가장 뛰어난 일꾼이었던 제갈량諸葛亮은 한 번에 다섯 방향에서 촉나라를 쳐들어오는 오로파촉五路破燭의 전황을 맞게 되었다. 위기의 순간이었다. 그때 그는 후원의 연못에서 일어나는 파문을 하염없이 바라보다가 문득 파문을 다스리려면 파문이 아니라 파문을 일으키는 물고기를 다스려야겠다는 깨달음을 얻었다.

승자독식, 접속의 함정, 양극화, 개방과 공유, 스마트월드 등 쉽게 가늠이 안 되는 엄청난 사회의 변화들이 함께 몰려오고 있다. 어떻게 해야 할까? 그 실마리로 제갈량의 교훈을 빌려 보자. 파문이 아니라 파문을 일으키는 주체가 해답이다. 뛰어난 일꾼은 어느 사회에서나 일을 할 수 있을 것이므로 사회 변화에 대한 가장 확실한 대응방법은 본인 스스로가 뛰어난 일꾼이 되는 것이다.

전에는 제왕이 있었지만 이제는 모두가 평등하게 일을 한다. 제왕학이 있다면 일꾼학도 있어야 할 것이다. 모든 사람들은 자신의 일을 뛰어나게 할 수 있는 행동방식을 익혀야 한다.

여러 뛰어난 분들의 가르침을 정리하여 '최고의', '간추린', '행동 방식을', '스스로 익히'는 공부의 요령을 제안해 본다.

공부의 요령

최고의	개별 소비자의 단순한 수용이 아니라 그들의 어려움을 없앨 획기적 방안인 소비자 가치가 기업 수익 창출의 원천 이다.	**간추린**	개별 직원 업무의 허튼 일은 모두 빼고 오로지 승리, 실천, 팀워크에 초점을 맞추어 계획도 짜고 평가도 했다.
	『스티브 잡스 무한 혁신의 비밀』 저자. 카민 갤로 | 옮긴이. 박세연 | 출판사. 비즈니스북스, 2010		『코끼리를 춤추게 하라』 저자. 루이스 V. 거스너 Jr | 옮긴이. 이무열 | 출판사. 북앳북스, 2003
행동 방식을	자신과 싸우고 돈을 챙기고 남과 나누고 세상을 만들다.	**스스로 익힘**	공부 잘하는 아이들은 하나같이 자기가 스스로 이끌어 배우는 능력이 뛰어나다.
	(필자의 의견 중에서)		『외국어, 내 아이도 잘 할 수 있다』 저자. 최정화 | 출판사. 조선일보사, 2004

공부의 목표: 최고의 가치

스티브 잡스Steve Jobs는 아이맥, 아이폰 그리고 아이패드에 이르기까지 지구상에서 가장 호기심을 끄는 제품들로 컴퓨터, 음악, 영화, 이동통신시장을 완전히 바꿔 놓았다. 그는 기울어져 가던 애플사를 전 세계에서 시가 총액이 가장 많은 기업으로 만들었다.

그는 소비자가 말을 꺼내기 전에 항상 먼저 다가갔다. 소비자 자신도 명확하게 알 수 없는 궁극적인 가치를 기술적 통찰력인 직관으로 알아낸 것이다. 소비자의 꿈과 희망을 진정으로 이해해야만 나올 수 있는 이러한 소비자 가치가 바로 기업 수익의 원천이자 혁신의 본질인 것이다.

이제까지는 2~3등만 해도 만족할 수 있었을지 모르겠지만 세계화로 인해 경쟁이 심해지는 지금은 만족하기 어렵다. 2~3등을 차지하느라 시간을 허비해서는 안 될 것이다. 국내가 아니라 세계에서 제일 잘하는 곳을 따라가야만 한다. 또한 지금은 잘 나가더라도 앞으로 어떻게 될지는 아무도 알 수 없다. 그래서 세계 1등의 외관보다는 그들이 만드는 가치를 살펴야만 할 것이다.

궁극적인 가치는 적은 돈으로 중개자 없이, 즉시, 얼마든지, 개별 소비자를 충족시킬 수 있는 재화나 서비스를 말한다. 결국 뛰어난 일꾼들이 어떻게 획기적으로 쓸모 있는, 유익한 것을 싸게 만드는지 배워야 할 것이다.

물론 중간 목표는 쉽게 이룰 수 있도록 낮게 잡아야 성취감과 자신감이 늘어날 수 있다. 그러나 방법상 낮은 목표를 자주 잡더라도 최고의 가치를 이루겠다는 큰 목표를 항상 지녀야 한다. 최종 목표는 세계 1등 즉, 궁극적인 최고의 가치로 잡아야만 할 것이다.

공부의 방법: 최소로 간추리기

1993년, 루이스 V 거스너^{Louis V. Gerstner}는 20조 원이나 결손났던 IBM의 회장이 되어 10년 만에 10조 원의 이익을 남기고 종업원의 수를 6만 여명 더 늘렸다. 그 후 10년 동안 그가 컨설팅한 중국의 화웨이^{hauwei}는 향후 삼성전자를 위협할 가장 유력한 회사가 되었다고 한다. 그는 시장에 맞지 않는 절차와 개인의 책임을 뒤집어쓰는 규정을 대폭 줄였다. 오로지 구성원들이 '함께(팀워크)', '최고의 가치를(승리)', '만드는(실천)'이라는 3가지에 집중하였을 뿐이었다고 한다.

정보와 지식이 폭발적으로 넘쳐나고 있지만, 쉽다고 여러 가지 일을 함께 할 수는 없다. 꼭 필요한 일만 최소로 간추려야 한다. '특정한 재능에 보상이 쏟아 부어지고 있는 것'이 바로 이 시대의 흐름이다.

"우아한 것은 모두 단순하다. 단순함이란 무언가를 없애는 것이 아니라 제품의 핵심 가치에 집중하는 것이다. 더 이상 더 할 것이 없는 것이 아니라 더 이상 뺄 것이 없는 상태가 바로 완벽이다. 우리는 했던 것은 물론 하지 않았던 것에 대해서도 자부심이 강하다. 성공은 얼마나 많은 것을 더했느냐가 아니라 얼마나 많은 것을 제거 했느냐에 달려 있다.” 『스티브 잡스 무한 혁신의 비밀』 저자. 카민 갤로 / 옮긴이. 박세연 / 출판사. 비즈니스북스, 2010

공부의 대상: 행동 방식

일은 자신과 하는 자기관리, 돈과 하는 경제활동, 남과 하는 사회생활, 세상과 하는 창조경영 등으로 나눌 수 있다. 일을 뛰어나게 잘하려면 그 대상별로 그에 가장 잘 맞는 행동방식을 익혀야 할 것이다. 아무리 열심히 하더라도 모든 일을 획일적으로 하거나, 잘못된 방식으로 해서는 안 된다. 이건희, 칭기스칸Chingiz Khan, 빌 게이츠Bill Gates, 스티브 잡스Steve Jobs, 워런 버핏Warren Buffett 등 뛰어난 일꾼들의 행동방식을 간추려 보면 다음과 같다.

- 자신과 싸우다. (자기관리)
- 돈을 챙기다. (경제활동)
- 남과 나누다. (사회생활)
- 세상을 만들다. (창조경영)

물론 자신만 힐링하고, 돈을 따라가고, 남의 불행이 곧 나의 행복이고, 세상을 자기에게 맞추는 등 이미 각자가 해왔던 나름의 행동방식이 있을 것이다. 그러나 이제는 자신을 세상에서 따로 떼어 내거나, 자리만 챙기거나, 팔면 끝이라고 생각하거나, 세상을 따라가기에만 급급하면 힘들 수밖에 없다. 하드웨어^{Hardware}나 스톡^{Stock}만이 전부가 아니다. 소프트웨어^{Software}나 플로우^{Flow}에 눈을 돌려보자. 세계 1등들의 엄청난 자본과 힘은 당장에는 어쩔 수 없더라도 그들의 행동방식은 누구든지 배울 수 있을 것이다.

공부의 주체: 스스로 익히기

통달은 좀처럼 경험하기 힘든 일이다. 어떤 일에 통달하기 위해서는 앞으로 나오는 최고들의 체험처럼 하늘이 열리는 것 같은 기분을 느끼거나, 불을 끄고도 떡을 깔끔하게 썰어내는 한석봉의 어머니처럼 될 때까지 수많은 실수를 거치면서 일을 잘 하는 요령을 터득하여야 할 것이다.

가장 효과적인 통달방법은 스스로 익히는 것이다. 적은 수의 조직인 경우, 모든 일을 앞장서서 이끄는 리더가 효과적이지만 결국에는 구성원들이 스스로 일할 수 있는 여건을 마련해주는 조직이 훨씬 더 크게 성장하게 된다. 내가 일했던 시중 은행은 200

명 내외의 직원으로 출발하였지만 20여 년 만에 네 개의 은행 등
을 합병할 정도로 크게 되었는데 그 주요한 원동력은 직원들이 스
스로 일할 수 있도록 하게 하는 경영이었다고 생각한다.

물론 스스로 익힌다고 해서 '혼자 공부한다'는 뜻은 아니다.
필자의 경험상, 여러 사람들이 함께 토론과 강의로 겨루면서 경쟁
적으로 공부하는 집단 자율 경연 학습이 가장 효과가 컸다.

'최고의 가치를, 최소로 간추려서, 쉽게 행동할 수 있도록
스스로 익히는 것'이 바로 누구나 일을 제대로 잘 할 수 있는 방
법인 것이다.

2 / 3

일꾼학

입문

이 책에는 뛰어난 일꾼들이 지은 13권의 책 내용을 담고 있다. 일을 뛰어나게 하는 행동방식들을 이 책들에서 걸러내었다.

각각의 책들은 그 자체로도 매우 훌륭하다. 독자에 따라서는 자신과 무관한 책도 있겠으나 모두 소화하면 '사람들이 하는 일'에 대해 전반적으로 파악할 수 있게 될 것이다. 또한 '고객에게 맞추다', '쓸모 있게 바꾸다' 등의 모든 동작들은 그것들이 나온 원래의 책에 구애받지 않고 자신의 일에 맞게 적용할 수 있을 것이다. 종류나 성질에 따라서 수없이 많은 일들이 있지만 일을 하는 기본적인 움직임은 주로 몇 가지로 요약할 수 있다.

이 책의 궁극적인 뜻은 단 몇 가지의 행동방식만 통달하면 직업이나 연령, 지위에 관계없이 자신의 일을 뛰어나게 할 수 있도록 하자는 것이다. 13권 책의 요약은 가급적 쉽게 하였으나 주관적으로 재해석된 부분도 있어 형식보다는 뜻에 중점을 두면 좋겠다. 그 외에 꼭 읽었으면 하는 책들은 중간에 짤막하게 소개하였다. 사회가치처럼 개인적인 주장도 일부 있으나 대체적으로는 일을 하는 방식에 집중하였다.

필자는 10여 년 전, 주 5일제가 실시되자 토요일에는 주로 책을 읽었다. 경제, 금융, 경영, 영업 등의 책들은 줄거리를 요약하여 정리하였다. 업무에도 상당한 도움이 되었다. 책의 줄거리를 회사의 인터넷 게시판에도 올리고 거래 기업에 이메일로 보내 드리기도 하였다. 지인이나 고객과 대화를 하는 경우에도 좋은 책을 화제로 삼았다. 그럴 때면 그분들이 좋은 책을 소개해 주기도 했다.

그 후, 적자 기업의 CEO를 맡아 유익한 책 10권 정도를 요약하고 파워포인트로 정리하였다. 그리고 이를 토대로 강의해 보기를 희망하는 직원들이 다른 직원들에게 경쟁적으로 강의하게 했다. 그리고 그 실적을 개인 평가에 반영하였다. 직원들이 좋은 책을 읽고, 직접 강의를 하고, 듣고, 서로 이야기를 나누다 보니 시장과 고객을 생각하는 힘이 자연스럽게 늘었다. 결국 기업과 하나가 된 일꾼들이 많아지게 된 그 회사는 2년 만에 매출이 두 배 이상으로 늘어 흑자로 바뀌었다. 직원들이 직접 강의를 하는 동안 생각하는 힘이 길러져 좋은 일꾼이 된 것이었다.

좋은 책을 읽거나 명강의를 듣고 공감을 하더라도 책장을 덮거나 강의가 끝나고 나면 그만인 경우가 종종 있다. 이 책을 읽는 독자들도 자신이 TV에 나오는 명강사가 되어 직접 강의를 한다고 상상하며 이 책을 읽고, 또 주위의 분들과 함께 실제로 강의도 해보고, 완전히 익힐 때까지 반복해 보는 것도 좋을 것이다. 스스로 하는 공부가 진짜 공부이기 때문이다.

좋은 책들을 요약하고, 재해석하고, 핵심 동사 하나로 압축하고, TEST로 꾸민 이 책은 일을 하는 데 가장 결정적인 행동 방식을 제시하려고 하였다. 가능성이 무한하게 열려 있는 일꾼학의 출발서인 셈이다. 이러한 시도에서 힌트를 얻거나 연상을 하여 누구나 자신의 일을 뛰어나게 할 수 있는 동작을 개발할 수도 있을 것이다. 한편으로는 책을 잘 안 보게 되는 요즘 같은 때에, 독서에 대한 관심을 높이고 효과적인 독서 방식의 사례가 될 수도 있을 것이다.

지행합일知行合一. 부뚜막의 소금도 집어넣어야 짜다. 무엇보다도 중요한 것은 이제부터는 일을 뛰어나게 하여야 하며, 당장에 뛰어난 일꾼이 되는 방식으로 움직여야 한다는 것이다.

1. 앞으로 쉽게 오지 않을 사회 현상은?

　가. 양극화

　나. 접속의 함정

　다. 승자 독식 시대

　라. 요람에서 무덤까지의 복지

2. 일본의 하류가 갖고 있는 의식이나 생활이 아닌 것은?

　가. 실생활에서 영어는 필요 없다고 생각하여 잘 못한다.

　나. 업무 외로 컴퓨터나 휴대전화를 끼고 산다.

　다. 공무원이 가장 안정된 직업이다.

　라. 모험적이고 창의적인 사업 방식을 열망한다.

3. 다음 중 이 책에서 나온 내용과 다른 것은?

　가. 일본의 양극화의 원인은 글로벌화와 정부의 빚이 늘었기 때
　　　문이다.

　나. 등소평이 좋다고 한 고양이는 쥐를 잘 잡는 고양이다.

　다. 이제 돈을 버는 것은 글로벌화한 기업과 외국 자본뿐이다.

　라. 미국 상류층은 결코 진보에 밀려서는 안 된다고 생각한다.

4. 다음 중 앞으로 전개될 교육방향이 아닌 것은?

　가. 콘텐츠를 습득하는 기존의 학습 방식은 한계에 도달한다.

　나. 이제 교육은 적게 가르치고 많이 배우는 흐름으로 간다.

　다. 학생들은 스스로 배우는, 즉 생산을 하는 소비자가 된다.

　라. 과거나, 지금이나 학교가 세상을 앞서고 있다.

5. 다음 중 창조성에 관한 설명 중 다른 것은?

　가. 창조성은 다양한 생각을 가진 집단에서 촉발된다.

　나. 조직은 클수록 혁신이 활발하다.

　다. 대기업은 부분과 전체를 분리하는 플랫폼 구조로 혁신한다.

　라. 창조성이 기업차별화의 핵심이다.

6. 알아야 면장. 아는 것만이 힘이다.　　(O / X)

7. 뛰어난 일꾼들의 행동 방식은 '나와 싸우고 남과 (　　　　)다'
　이다.

8. 일을 뛰어나게 할 수 있는 정신적인 자세, 요령, 협동심과 (   )
   능력을 길러야 한다.

9. 공부의 요령은 최고의 가치를 (   )로 간추려서 쉽게 행동할
   수 있도록 스스로 익히는 것이다.

10. 집단창조성, 증강현실, 기업의 자기 조직화의 뜻은?

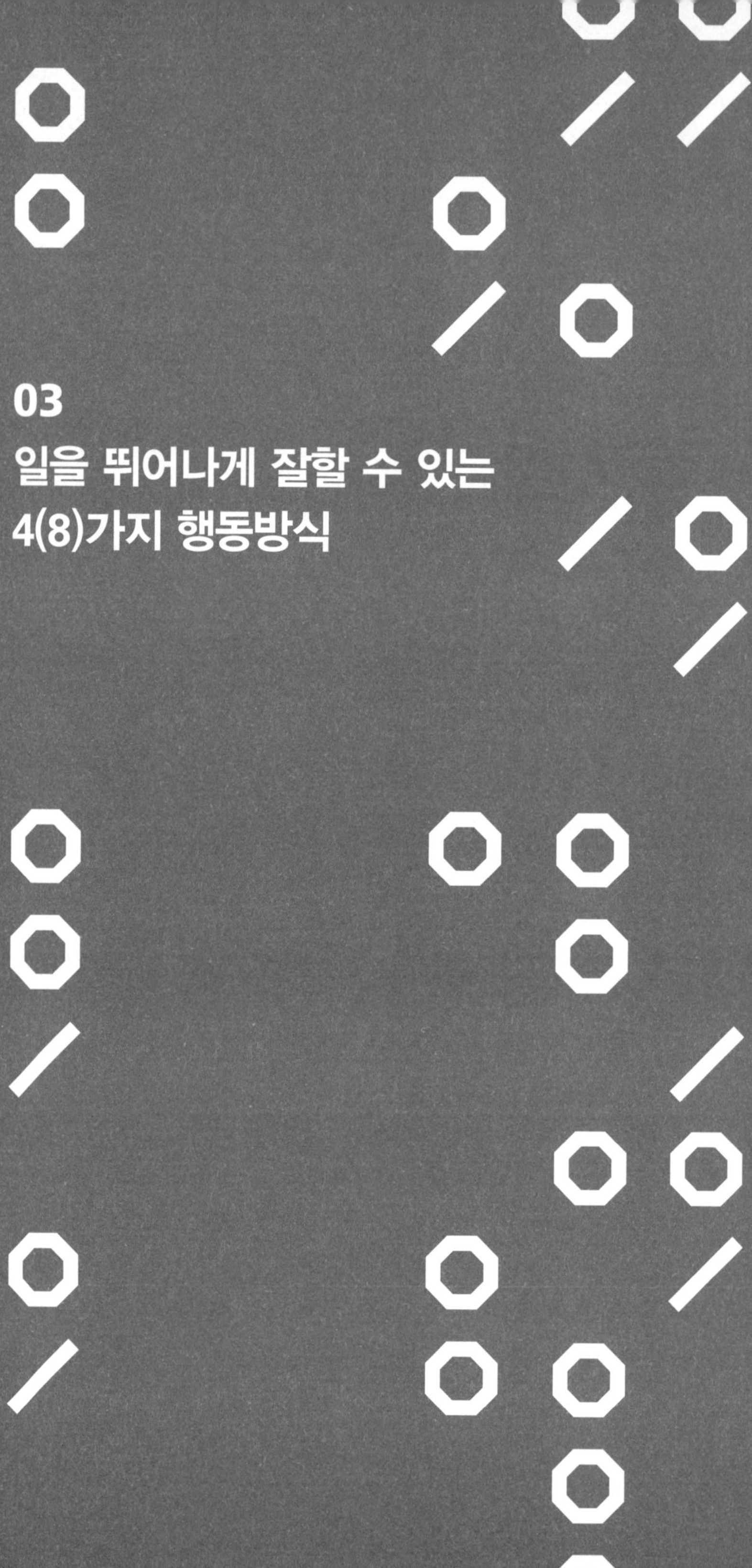

03
일을 뛰어나게 잘할 수 있는
4(8)가지 행동방식

1965년, '올해는 일하는 해'의 구호가 전국 곳곳에 걸렸다. 그 다음 해에는 '올해는 더 일하는 해'이었을 정도로 전 국민이 일을 중요하게 여기던 때가 있었다.

사람들은 자신과, 돈과, 남과, 세상을 상대로 자기관리, 경제활동, 사회생활, 창조경영을 한다. 인간은 자주적, 경제적, 사회적, 창조적으로 일하는 동물이다. 어떻게 하면 이러한 일들을 뛰어나게 할 수 있을까? 행동방식이 열쇠다. 뛰어난 일꾼들의 4(8)가지 동작을 배워 보자.

자신과 싸우다

/

일단 들어가다

/

내내 파다

　살아도 같이 살고 죽어도 같이 죽자는 말이 있다. 그러나 장례식장에 가보면 함께 죽는 사람들은 거의 없다. 사람들은 기본적으로는 혼자 왔다가 혼자 간다. 내 인생은 나의 것, 사람은 자주적인 동물이다.

　세상을 상대로 하여 싸우는 것은 사실 위태롭다. 자신이 홀로 하는 공부가 어렵고, 현실적으로 술, 성[性], 게임 등을 안 하기란 힘들지만 그래도 남을 때리는 것보다는 낫다. 싸울 상대는 자신밖에 없다. 자기와의 싸움에서 이긴다면 위험하게 남이나 세상과 싸우지 않아도 될 것이다. 뛰어난 사람들은 모두 자신과의 싸움을 피하지 않았다. 그들이 자기관리를 하는 행동방식은 '자신과 싸우기'였다.

　문제는 토끼와 거북이의 우화에서처럼 쉬운 일은 마음을 놓기도 쉽다는 데에 있다. 많은 일들은 의외로 쉽게 여겼던 곳에서 승부가 나기도 한다. 자신과 싸운다고 해서 방심해서는 안 된다는 뜻이다. 모든 싸움에 있어 공격을 하려면 상대방보다 3배의 힘이 있어야 하는 공방자 3:1의 원칙이라는 게 있다. 유혹과의 싸움에서 이기려면 유혹보다 3배의 강한 의지가 있어야 한다는 말이다.

　흔히 시험 후에 만족하는 학생의 점수가 생각보다 안 좋은 이유는 틀렸다는 사실 자체를 모르기 때문이기도 하다. 자신과 싸우려면 먼저 자신을 잘 알아야 한다. 모두들 자기를 잘 알고 있는 것처럼 쉽게 여기기 때문에 실패하곤 하는 것이다. 이미 2,400~500여 년 전에 『손자병법』은 '상대와 자신을 알면 백번 싸워도 위태롭지 않다知彼知己 百戰不敗.'고 했으며, 소크라테스 역시 '너 자신을 알라! gnothi seauton'고 하였다.

"진정한 능력은 자신이 아는 것과 모르는 것이 무엇인지를 아는 것이다. 얼마나 많이 알고 있느냐보다는 둘 사이를 구분하는 능력이 중요하다. 나의 장점은 내가 아는 것과 모르는 것이 무엇인지 모두 알고 있다는 것이다." 『워렌 버핏의 주식 투자 콘서트』 저자.
워렌 버핏 / 옮긴이. 차예지 / 출판사. 부크홀릭, 2010

자신과의 싸움에는 큰 분수령이 둘 있는데 하나는 일을 시작할 때에 나타나고 또 하나는 일을 계속할 때에 나타난다. 많은 사람들은 어떤 일을 시작할 때 싫거나 두려워서 망건 쓰다가 장이 파한다는 말처럼 기회를 놓치기도 하고, 어렵게 시작한 일이라도 힘들어서 중도에 포기 할 때도 있다. 뛰어난 일꾼들은 어떠한 행동 방식으로 일을 시작하고 어떻게 계속 잘 할 수 있었는지 살펴보자.

일단 들어가다

나는 새로 오는 직원들이 예금이나 대출 실적을 올린 뒤에 비로소 직무를 주곤 했다. 일단 부딪힘으로써 고객을 두려워하지 않는 훈련을 하게 한 셈이었다. 당연히 직원들은 당황했었다. 그러나 나와 함께 일했던 직원들이 가장 많이 지점장이 되기도 했다. 현장에 가야 책상에서 안 보이는 것들을 볼 수 있는 것이다.

함께 사는 세상

훈련소 시절에는 유난히 비가 많이 왔던 기억이 난다. 그때마다 구대장님은 어김없이 호루라기를 불었다. 물이 넘치는 찬 땅바닥에서 맨몸으로 구르는 비상 훈련을 시작한다는 신호다.

"휘리리릭! 하늘이 우리에게 훈련의 기회를 주셨다! 지금부터 연병장 앞, 팬티 바람으로 선착순! 휘리리릭!!"

하늘은 무슨 하늘이란 말인가. 처음에는 원망스러울 뿐이었다. 그러나 비만 오면 이런 훈련을 하다 보니 그러한 감정들을 느낄 겨를조차 없게 되었다.

그 후, 일 년 반쯤 지난 어느 날 밤이었다. "탕!" M-16 총성한 방이 얼어붙은 겨울 하늘을 갈랐다. 나는 잠이 막 들다가 팬티바람 그대로 병사 앞마당으로 달렸다. 그 곳에는 총을 쏘겠다는대원과 쏠 테면 쏴 보라는 대원이 서로 맞서고 있었다. 그런 상황이 처음인지라 덜컥 겁이 났다. 그렇지만 나도 모르게 두 대원 사이로 들어갔다.

"김 하사! 총 이리 내!!"

"……."

잠시 흐르는 시간이 너무도 길게 느껴졌다.

"괜찮아, 내가 책임질게. 아무 일도 없을 거야!"

떨리는 가슴이 조금이라도 티가 나지 않도록 하면서 설득을 했다.

"전 포대장님……."

그 대원은 울면서 총을 내렸다. 참으로 다행이었다. 전우들의 소중한 생명과 미래를 건지는 순간이었다. 두려운 마음이 들었지만 일단 두 사람 사이로 들어가게 된 것은 하기 싫었던 비상훈련을 많이 한 덕분이었다.

사회생활에서도 두려운 일이 많았다. 한 번은 한센^{Hansen} 병환자와 상담을 하다가 열변을 토하는 그 분의 침이 탁자에 놓인 내 찻잔 속으로 들어갔다. 개운치는 않았지만 그 차를 마셨다. 의외로 상대는 나의 행동을 느끼고 있었던 것 같다. 그로 인해 당신이 처음으로 존중받았다고 느꼈는지 내게 호의적으로 돌아서게 되었고 오랫동안 풀리지 않았던 민원이 해결되기도 하였다.

금융사기 사고나 노동 갈등 등은 항상 두려웠다. 피하고 싶었지만 일단 들어가 보면 미처 생각지도 못한 곳에서 실마리가 풀리곤 했다.

우리 모두는 이미 이 세상에 들어와 있다. 모두 존중 받으며 함께 살아야 한다. 이는 아마도 우리 조상들의 간절한 바람이기도 할 것이다. 우리가 먼저 해야 할 일은 일단 세상에 들어가는 것이다. 한 걸음을 내딛지 않고 천리 길을 갈 수는 없기 때문이다.

"인생의 중요한 순간은 대부분 불분명하고 긴장된 상황에서 나타난다. 모두 다 비범할 수는 없다." 『신을 거역한 사람들』 저자. 피터 L 번스타인 / 옮긴이. 안진환 외 / 출판사. 한국경제신문사, 1996

『고맙다 잡초야』

저자. 황대권 / 출판사. 도솔 / 핵심동사. 들어가다 / 일의 분류. 공생

조작된 죄로 모진 고문 끝에 무기징역을 선고 받았던 황대권은 너무도 억울하여 몇 년간을 싸웠지만 자신에게 돌아온 것은 병마뿐이었다고 한다. 그런데 교도소의 잡초가 그의 생명을 지켜주었다. 하찮은 풀일지라도, 이 세상의 모든 것은 함께 살아가는 것이다. 편견을 버리고 그냥 들어가야 할 것이다.『고맙다 잡초야』를 통해 공생의 공부 속으로 일단 들어가 보자.

황대권 / 줄거리

잠이 안와 조용히 컨테이너 문을 열고 밖으로 나왔다. 달님은 보이지 않았고 눈앞의 숲 속은 어둠 그 자체였다. 숲을 향해 성큼 성큼 걸어 들어갔다. 나무들이 뿜어내는 밤공기가 진하게 묻어 나왔다. 시간이 흘러 어둠에 익숙해지자 주변의 존재들이 하나 둘, 눈에 들어왔다. 캄캄한 숲 속에서 숲과 하나가 되었다는 느낌을 충분히 만끽하였다. 그 이후로 나는 한밤중의 산을 낮만큼이나 사랑하게 되었다.

내 안에 천지가 다 들어있다. 하늘과 땅에도 사람이 다 들어 있다. 선조들은 한 번도 사람을 천지와 따로

나누어 산 적이 없다. 현대에 들어와 세상과 사람을 나누어 인간과 돈 중심으로 세상을 살다보니 오히려 사람들이 얽매이게 되는 여러 문제가 생기지 않았을까 생각한다.

고정 관념을 내려놓고 세상과 더불어 살아보면 하늘과 땅, 사람天地人이 하나임을 누구나 알 수 있다. 창문 틈에서 찬 바람이 솔솔 들어오면 막지 말고 재미 삼아 한 번 맞아 보자. 점차 익숙해지면 창문을 활짝 열고 찬 공기를 흠뻑 들이켜 보자. 내 몸이 원래 자연에서 왔다는 사실에 깜짝 놀랄 것이다.

뱀뿐 아니라 대부분의 생물에 대한 사람의 관념은 터무니없게도 편견에 가득 차 있다. 뱀을 비롯한 모든 생물들은 나와 똑같은 '생명'이다. 이 개별 생명들은 먹이사슬을 통해 모두 이어져 하나의 큰 생명을 이루고 있다. 다른 생물들이 위험해지는 것은 내가 그들의 생존을 위협하기 때문이다.

나는 1985년, 안기부 지하실에 갇혀 60일 동안 끔찍한 고문을 받았다. 또 무기징역을 살면서 간첩조작에 항거했는데 그 과정에서 몸이 다 망가졌다. 그런데 잡초를 먹고 살아난 후로 감옥을 투쟁의 장소가 아닌 존재를 실현하는 곳으로 삼았다. 그들은 나를 가두었지만 나는 살아 움직이는 자유를 만든 셈이다.

1998년, 출소 후 생태 디자인과 농업 생태학을 공부했다. 지금은 전라남도 영광에서 생명 평화 마을을 일구고 있다. 10년 전에 낸 책『야생초 편지』에 이어 두 번째 야생초 이야기를 들려 드리겠다.

나는 물이 졸졸 흐르는 산골의 개울에서 설거지를 한다. 한 번은 찌갯거리를 씻다가 돼지고기 한 점을 흘렸는데 가재들이 벌떼처럼 달라붙었다. 설거지를 하면서 가재와 놀다 보니 어느덧 뒤통수에 햇볕이 따가웠다.

자연 속에서 거시기를 누는 것이야말로 최고의 명상이자 사치이다. 가장 완벽하게 누는 거시기는 끊어지지 않게 일자로 쭉 떨어뜨리는 것인데 마치 땅과 내가 하나가 되었다는 느낌이 든다. 자연은 늘 벗고 있는 데 나만 갑옷에 둘러싸여 있어서는 소통이 잘 될 리가 없을 것이다. 그냥 들어가라! 하늘과 땅 속으로, 세상 속으로 들어가라!

한 번은 몸살이 들었는데 방에 들어가지 못하고 따스한 햇볕에 의지할 수밖에 없었다. 처음 몇 분간은 찬바람에 도저히 견디지 못할 것 같은데 그 고비를 넘기고 나니 오히려 바람의 냉기와 태양의 온기가 교차하는 순간에서 묘한 쾌감이 왔다. 순간적인 오싹함 뒤에 오는 따스함의 쾌감을 꽤 긴 시간 맛보던 기억이 있다. 내가 자연을 향하여 구애를 하자 자연이 나에게 아낌없이 사랑을 베풀어 준 것이다. 자연의 능력은 인간의 상상을 훨씬 뛰어 넘는다. 인간은 자연과 떨어진 이래, 자연적 존재로서 지녔던 감각을 다 잃어버린 것은 아닐까?

농장에서 매일 행하는 절 명상을 통해서 생태영성의 진면목을 깨우쳤다. 같은 동작을 무수히 반복하는 절은 아무리 여러 번 해도 동작이 똑 떨어지지가 않았다. 그런데 무수한 시행착오 끝에 드디어 전체 동작이 똑 떨어지면 마치 하늘이 열리는 것 같다. 이런 상태에서 절을 하면 아무리 오래 해도 전혀 피곤하지 않다. 내가 하는 것이 아니라 하늘의 기운으로 하는 것이기 때문이다. 나의 개체가 세상의 전체와 연결되어 있음을 알아차리는 것이 바로 영성이 아닐까 한다.

김장밭을 만들어 무나 배추를 정성껏 심고, 거름도 주고, 풀도 메주고, 물도 주었다. 그리고 김장밭 아래 공터에는 쓰고 남은 씨앗이 아까워 아무렇게나 뿌려 놓았다. 그런데 밭 수확을 끝내고 공터에 가보니 마구 자라기는 했지만 무, 배추가 일부러 키운 것보다 더 많았다. 농사는 하늘이 짓는다고 했거늘 내가 짓는다는 착각 속에 여름부터 그렇게 걱정했나 보다. 토양생태계가 살아 있고 야생성이 강한 종자를 얻을 수 있다면 뿌리고 거두기만 하는, 걱정이 필요 없는 자연 농법이 어디에서나 가능할 것이다.

우리 농장은 돌투성이의 산지를 개간하여 공사장에서 실어온 흙으로 덮고 비료도 안 주니 작물은 난쟁이에 홀쭉이 신세를 면치 못했다. 가장 척박한 땅에서 자란다는 칡, 억새, 가시딸기, 쑥, 망초 따위가 농장을 뒤덮었다.

그러나 그 질긴 잡초를 뽑아내자 후드득 떨어지는 흙이 그렇게 보드라울 수가 없다. 땅 속 사방으로 뿌리를 뻗치면서 굳은 흙들을 잘게 부숴 놓은 것이다. 또 이들이 나고 죽으면서 쌓인 유기 물질로 표토가 마치 양탄자처럼 푹신하게 되었다. 잡초가 농사를 짓고 있었던 것이다. 잡초의 뿌리 사이에 지렁이와 개미, 굼벵이, 땅강아지까지 합세하니 아무리 굳은 땅이라도 잡초가 무성하면 저

절로 땅이 기름 진다. 고맙다, 잡초야!

　　현재의 농업은 수많은 문제를 안고 있다해도 농업 없이는 단 하루도 살 수 없을 것이다. 이 시대의 중요한 화두는 자연과 농업의 문제를 한 번에 해결해 주는 자연 농업이다. 나는 그나마도 짓지 않는 원시의 채취 농업을 적극 고려하고 있다.

　　풀베기, 씨앗심기, 수확하기 등 농장에서 하는 일의 대부분은 단순 반복 노동이다. 귀농의 가장 큰 두려움은 이러한 단순 반복 노동을 어떻게 이겨내느냐에 있다. 단돈 얼마면 마트에서 끝낼 일을 며칠간 노력해야 겨우 얻을 수 있는 현실을 '즐겁게' 받아들이지 않으면 귀농은 결국 지옥으로 들어가는 문이 될 수밖에 없을 것이다.

　　어느 날 도시에서 백수 생활을 하다가 거의 폐인이 된 젊은이가 찾아온 적이 있었다. 나는 그에게 아무 말도 않고 삽 한 자루만 달랑 던져 주었다. 100일 동안 농장에서 단순 반복 노동을 하고 그는 밝은 얼굴로 다시 도시로 돌아갔다.

　　자연 속에서 반복되는 단순 노동을 통해 세상이 만들어준 '거짓 나'가 사라지는 느낌을 확인하는 것이 대단히 중요하다고 생각한다. 이 느낌을 언제라도 느낄 수 있다면 도시의 '먹고 사는 노동'에서도 큰 도움이 될 것이다.

　누구든지 약간의 연습만 거치면 농장에서 필요한 단순한 작업은 얼마든지 할 수 있다. 문제는 미지의 세계에 대한 두려움을 어떻게 극복하느냐이다. 수영을 해보지 않은 사람은 백 번을 생각해 봐야 물에서 살아날 방법이 보이지 않을 것이다. 들어가야 한다. 일단 물에 빠져 보면 안다. 우리 몸이 죽지 않기 위해 스스로 작동한다는 사실을. 우리 선조들은 학교의 문턱도 밟아 본 일도 없는데 그 모든 일을 훌륭히 잘해 왔다는 것을 기억해야 할 것이다.

　인류가 오랫동안 그래왔듯이 자연에 들어가 자연과 함께 살려면 자연 밖에 내가 있다는 나의 생각을 비워야 하지 않을까?

　괴롭고 머리가 혼란스러울 때에는 언제나 모닥불을 피우곤 한다. 나를 괴롭히는 기억들을 하나하나 끄집어내어 모닥불에 던져 놓고 태워 버린다. 처음엔 긴가민가하다가도 시간이 지나면 어느덧 머리가 맑아지고 마음이 편안해짐을 느낄 수 있다.

<u>기회의 문</u>

'위기가 기회', '기회는 얼굴이 없다'와 같이 기회에 관하여 여러 해석이 있지만, 어떠한 상황에 대한 대응이 다름으로 해서 미래가 바꾸어진다면 바로 그 상황이 기회의 바탕이 아닐까 생각한다. 누구나 고난을 겪고, 두려운 마음이 들고, 소망을 바라고, 목표를 세우게 되는데 그러한 것들이 바로 기회의 문이 될 수 있을 것이다.

기회의 문

고난 삼켜	나는 불과 서른에 내가 세운 회사에서, 그것도 내가 데려온 사람에게 쫓겨났다.	**두려움** 이겨	용기 있는 사람이란 두려움이 없는 사람이 아니라 두려움을 이겨 나가는 사람이다.
	『스티브 잡스 무한 혁신의 비밀』 저자. 카민 갤로 | 옮긴이. 박세연 | 출판사. 비즈니스북스, 2010		『열두 살에 부자가 된 키라』 저자. 보도 섀퍼 | 옮긴이. 김준광 | 출판사. 을파소, 2003
바람 간절	나는 오로지 돈을 벌어 우리 아이들과 함께 지하실 방에서 벗어나고 싶었을 뿐이었다.	**목표** to Great를 세우다	전혀 불가능하게 보이는 것도 어쩌면 가능할지도 모른다는 것이 '바로 목표'이다.
	『한국의 세일즈 명인』 저자. 김진형 외 | 출판사. 거름, 2004		『도요타 최강경영』 저자. 시바타 마사하루 외 | 옮긴이. 고정아 | 출판사. 일송미디어, 2001

고난

50살 즈음이 되었는데 회사에서 나가라는 이야기를 듣게 된다면 한밤중에 달리던 고속버스에서 내동댕이쳐진 것 같은 막막함, 외로움, 쓰라림 등을 겪게 될 것이다. 어린 나이에 자기가 세운 애플사에서 쫓겨난 잡스는 아픔을 삼키고 오히려 자신이 세상을 바꿀 수 있다고 생각했다. 그는 어떤 일이라도 그 일에 미친 사람만이 결국 세상을 바꾼다는 믿음 아래, 결국에는 다시 들어간 애플사를 세계 제일의 기업으로 만들고야 말았다.

두려움

독일의 12살 소녀 '키라'는 누구에게도 쉽지 않은 돈을 모으기 위해 잘 한 일만을 적는 성공일기를 써가면서 두려움을 이겨냈다. 뭔가가 이루어지지 않을 것이라는 상상에서 생기는 두려움을 갖게 되는 것은 용기가 없어서가 아니다. 언제나 성공했던 것만을 적고 잘했던 것만 생각하자. 행복하게 살고 싶은 사람은 먼저 자신의 생각부터 바꾸어야만 할 것이다.

간절함

오로지 사랑하는 아이들과 함께 눅눅한 지하실 방에서 벗어나고 싶은 간절함이, 평범했던 한 주부를 판매 왕에 오르게 하였다. 밑져야 본전이라고 안이하게 생각하다가는 진짜로 망할 수도 있다. 시장에서 장사하는 아주머니와 대기업의 회장님들의 공통점은 간절하게 돈을 벌려고 한다는 것이다.

목표

시장에서 장사하는 아주머니의 목표는 자녀들을 대학에 보내고 졸업 후 취직시키는 정도이고, 대기업 회장님들의 목표는 사업이 잘 될수록 더 잘되는 기업들을 앞서고 말겠다는 것이다. 아주머니와 회장님을 가르는 것은 목표에 달려 있는 셈이다. 생산성에서 10배나 차이가 나던 미국의 자동차 회사를 잡겠다는, 이른바 뱁새의 가랑이가 찢어질 수도 있는 도요타의 엄청난 목표가 있었기에, 30년 만에 미국을 따라 잡을 수 있었다. 그리고 그 30년이 지난 지금까지도 세계 1등의 자동차 기업으로 우뚝 서 있는 것이다.

누군가가 고난에 힘들어 하고, 두려움에 굴복하고, 안 돼도 그만인 정도로만 바라고, 작은 목표를 세우고 있을 때에 고난을 삼키고, 두려움을 이겨내고, 간절하게 바라고, 큰 목표를 세웠던 사람들이 기회를 잡았다. 그들은 많은 이들이 그냥 지나친 고난, 두려움, 간절함, 목표라는 이 네 가지 문을 열고 들어간 것이다.

쉽게 오는 기회는 오래 가지 못하므로 어떤 의미에서는 진정한 기회라고 볼 수 없다. 또한 자랑스러운 성공신화는 오히려 기회의 문을 가로막을 수도 있다. 고통, 두려움, 부족함, 막막함을 고맙게 여기자. 그 안을 잘 살펴보면 희망찬 미래의 문이 뚜렷이 보일 것이다. 단지 많은 이들은 힘든 현실에 몸부림치느라 고난, 두려움, 소망, 목표라는 기회의 문을 지나칠 뿐이다.

기회가 얼굴이 없을지는 몰라도 이제부터 만나는 고난, 두려움, 바람, 목표가 바로 그 안을 열면 기회가 기다리고 있는 문이라고 생각하자. 몸에 좋은 약은 쓴 법이니 아픔을 한 모금씩 삼키고, 내가 두려우면 남도 두려우니 두려움을 이겨 내고, 수없이 기도와 절을 해서라도 간절하게 바라며, 목표가 낮다 해서 절대로 쉽게 되지는 않으니 위대한 목표를 세워야 할 것이다!

"삶은 곧 기회라는 것뿐이야!" 롱펠로우 Henry Longfellow

내내 파다

고등학교 때에 집안 일을 돕기 위해 새벽에 일어나 물탱크를 가득 채우고 학교에 간 적이 있었다. 처음에는 펌프질을 백번도 하기 힘들었다. 그래봐야 바닥 정도밖에 안 적셨다. 그러나 하고 또 하니 결국에는 탱크에 물이 찰랑찰랑 넘칠 정도가 되었다. 몸에 익혀지니 이천 번 품고 오 분 쉬고, 이천 번 품고 오 분 쉬고, 또 이천 번하면 가득 찼다. 내가 편하게 공부하는 동안 땀 흘리는 가족들에 대한 부담도 가벼워졌지만 내내 하면 된다는 것을 체득했다는 점이 더 소중했다.

고등학교를 졸업하고 취직이 되는 행운을 잡았다. 펌프질과 리어카 끌기 등으로 익혔던, 포기하지 않는 행동방식이 일자리를 잡는 시험공부에 도움이 되었던 것이다.

"네가 이찌 35년 동안 내내 했다고 하느냐? 했다 말았다 이었겠지? 아니 거의 말았다 이었겠지." 『신과 나눈 이야기』 저자. 닐 도날드 월시 / 옮긴이. 조경숙 옮김 / 출판사. 아름드리미디어, 2003

『외국어, 내 아이도 잘 할 수 있다』

저자. 최정화, 이채연 / 출판사. 조선일보사 / 핵심동사. 파다 /

일의 분류. 노력

외국어는 조금만 반복 학습을 게을리하면 가차없이 우리 곁을 떠난다. 기러기 아빠가 안 되더라도, 돈이 많지 않더라도 자녀들이 외국어에 통달할 수 있는 방법이 있다. 영어와 한국어에 능통하여 여러 대통령들의 통역업무를 담당했던 최정화 교수와 함께 세계로 향하는 고속열차의 티켓을 예약해 보자.

최
정
화
/
줄
거
리

외국어를 배우기 위해서는 다음의 일곱 가지를 잘 알고 실행해야 한다.

첫째, 언어 교육의 시작은 소리와의 접촉이다.

이채연 어린이는 외국에서 살아본 적도 없는데 영어와 중국어를 잘하는 언어 영재다. 엄마의 뱃속에서부터 여러가지 소리를 듣게 해 준 부모 덕분이다. 그녀의 엄마는 조금만 힘든 일을 해도 웅크리고 꼼짝도 않는 뱃속의 아이가 걱정이 되어 아름다운 음악을 들려주었다. 아기 때에도 아침에 잠이 깨면 클래식을, 낮잠을 잘 때에는 성경 테이프를, 낮에 놀이를 할 때나 아빠 차를 타고 여행을 할 때는 아빠차가 마치 노래방이라도 되듯이 즐거운 동요나 가스펠을 들려주었다. 채연이는 부모님이 만들어주는 수많은 소리로 둘러싸인 환경 속에서 자라다 보니 아침에 일어나면 오디오부터 바라보고 있을 정도로 자연스럽게 음악소리를 듣고 싶게 된 것이다.

청각은 가장 일찍 발달하는 감각이다. 음악을 배우는 것은 언어를 배우는 것과 매우 비슷하므로 음악 교육을 받은 아이들이 언어 기억력이 우수하며 어른들도 외국 노래를 들으며 외국어를 효과적으로 익히는 경우가 많다.

둘째, 소리에 익숙해지면 비디오 영상을 보여 주었다.

채연이는 아빠가 사다 주신, 내용이 쉽고 재미있는 비디오 영상을 계속 보자 어느 날부터인가 웅얼웅얼하듯이 따라하게 되었고 차츰 입이 열렸다. 지금까지도 아주 어릴 때 봤던 재미있는 비디오 영상들을 반복해서 보고 있다고 한다. 채연이의 엄마는 시간이 날 때마다 우리말 유아 동요를 들려주거나, 동화책들을 아주 많이 읽어 주고, EBS 교육 프로그램도 많이 보여 주었다. 그래서 채연이는 우리말과 함께 영어를 아주 자연스럽게 배울 수 있었다. 외국어는 일상 생활 속에서 어릴 때부터 시작하는 것이 좋다.

셋째, 말이 되면 자연스럽게 글로 넘어 갔다.

사고력과 창의력은 어릴 때부터 쌓은 독서량과 비례한다. 독서가 일상생활의 일부가 되도록 부모가 책 읽는 모습을 보여 주고, 아이와 함께 책을 읽거나 서점에 자주 갔다. 그리고 아이 주변에 책을 놓아두는 등 어릴 때부터 책을 가까이 하는 습관을 들이는 것도 중요하다.

외국어 공부의 출발은 즐거움이다. 처음 읽는 외국 소설이 딱딱하고 어려우면 지레 겁을 먹거나 흥미를 잃게 되므로 쉽게 빠져 들 수 있는 재미있는 책부터 읽는 것이 좋다. 연예 기사에 관심이 많다면 'People', 'OK!', 'Hello'와 같은 잡지가 영어 실력을 늘리는 데 훨씬 도움이 될 것이다. 외국 영화도 자막에 의존하지 않고 그냥 보는 것이 가장 좋다.

넷째, 우리말을 잘해야 외국어도 잘 한다.

먼저 한글 동화책에 재미를 붙이면 나중에 영어로 된 책을 읽는 것도 훨씬 쉬워진다. 영어를 잘 하기 위해서라도 꼭 우리말을 잘 해야 한다. 모국어의 기반 없이 배우는 외국어는 모래성처럼 무너지기 쉽기 때문이다. 외국어를 잘 하고 싶으면 먼저 우리말을 공들여 익혀야 한다. 모국어를 잘할수록 그 문법 구조에 따른 논리력이 개발되기 때문이다.

모든 외국어는 목적이 아니라 수단에 불과하다. 그러므로 무엇을 말하느냐가 아니라 어떻게 말하느냐가 중요하다. 영어 교육을 열심히 하는 이유는 영어라는 도구를 잘 다루어 국제무대에서 활용하기 위한 것이다.

다섯째, 3단계 외국어 통달법에 따라 공부하여야 한다.

1단계는 몸통 찾기, 통째로 읽기, 귓가에 맴돌게 듣기이다.

무심결에 듣게 되는 외국어 멜로디가 당장은 효과가 없는 듯하지만 장기적으로 보면 외국어를 자연스럽게 말하는데 결정적인 역할을 한다. 한 언어의 멜로디를 익히는 것은 노래할 때 음정을 맞추는 것과 비슷하다. 박자가 틀리더라도 음정이 틀려서는 안 된다. 틈만 나면 라디오, TV, 비디오 등을 켜 놓아 외국어를 충분히 들을 수 있게 하는 것이 좋다. 특히 외국어에 노출되는 시간이 절대적으로 부족한 국내파들에겐 필수적일 것이다.

2단계는 깃털 찾기, 집중해서 읽기 그리고 집중해서 듣기다.

우선 라디오 방송을 10분 정도 녹음하여 듣는 것부터 시작해 보자. 어떤 어구의 핵심 단어를 들었을 때 그 단어에만 신경 쓰지 말고 어구를 구성하는 전치사, 동사까지도 잘 듣고 한 번에 외우도록 해야 한다.

내용을 완전하게 소화했다고 생각되면 이제 들은 내용을 정확하게 쓸 수 있을 때까지 써보자. 귀찮더라도 내용을 수없이 반복해 전혀 알아듣지 못하는 내용을 다 받아 쓴 후 처음부터 다시 들으면 모든 내용이 다 들리는데 그 때의 뿌듯함은 해 본 사람만이 알 수 있을 것이다.

한편 영어 공부에서 빼놓을 수 없는 것이 포즈^{pause}와 악센트^{accent}다. 포즈는 숨쉬기와 마찬가지이기 때문에 원어민은 자연스럽게 알지만 영어를 외국어로 배우는 사람은 그 방법을 배워야 한다. 주의 깊게 읽는 것과 듣는 것은 출·퇴근 시간보다 자기만의 독립된 공간에서 한다. 그래야 정서가 안정되고 기분이 좋아 큰 효과를 내기 때문이다.

3단계는 외국인과 직접 부딪혀서 배우는 듣기와 말하기다. 외국어를 잘 하려면 99%의 용기와 1%의 노력이 필요하다. 아이들은 어른들에 비하여 새로운 그룹에 속하고자 하는 욕구가 크고, 실수에 민감하지 않으며, 새로운 환경에 처했을 때 그 문화와 일체감을 느끼고, 자신을 그 문화에 동일시하는 경향이 강하므로 그만큼 쉽게 외국어를 배울 수 있다. 일단 겁 없이부딪쳐 보자!

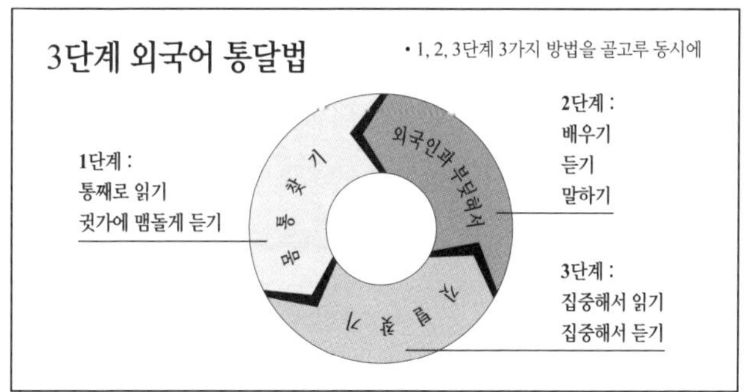

1, 2, 3 단계가 익숙해지면 나아가서 3가지 방법을 동시에 하도록 한다.

**여섯째, 아이들의 뇌를 발달시키는 것은 학습지가
아니라 부모와 함께하는 시간들이다.**

유대인의 부모들은 일찍 퇴근하여 아이가 잠들 때
까지 아이와 함께 시간을 보낸다. 어머니는 자녀들이 어
떠한 사람이 되느냐를, 아버지는 어떻게 행동하느냐를
가르친다. 아버지의 휴일은 자녀 교육에 꼭 필요하다. 안
식일을 엄격하게 지키는 유대인들은 이날 만큼은 부모와
자녀 간에 일주일 동안 겪은 일을 30분 정도씩 얘기하고
아버지의 의견을 들으며 정리하는 소중한 시간을 갖는
다. 또 유대인의 아버지들은 집에서 책을 읽어 아이들도
자연스럽게 독서를 하게 된다.

아이들이 공부를 못한다고 하기 전에 본인이 아이
들에게 본받을 만한 아버지의 모습인지 돌아보았으면 한
다. 아이들이 싫어하는 것은 남과 비교하는 것이며 그 중
가장 싫어하는 것이 공부로 비교하는 것이다. 아이마다의
개성을 존중한다면 모두 훌륭하게 자랄 수 있을 것이다.

우리나라 부모들은 교육이라고 하면 오로지 성적
에만 집착하여 아이들을 학원으로만 내모는 경우가 많은
데, 유대인의 부모들처럼 애정과 격려, 진실, 칭찬, 지식,

인내, 행복 속에서 사라게끔 아이들에게 따뜻한 가정을 느끼게 해 주어야 할 것이다.

일곱째, 문화를 이해하는 것이 진정한 외국어 학습이다.

채연이는 언어가 자유로워지면서 자신감이 생겼고 그래서 자연스럽게 외국인 친구들 속에 섞일 수 있었으며 수업시간에도 적극적으로 참여할 수 있었다. 말하는 법을 배운다는 것은 단지 언어를 배우는 것이 아니라 특정 단어를 특정 체험과 연결시킨다는 것이다. 채연이 엄마는 지극히 평범한 주부지만 채연이의 언어적인 감각을 감지한 후로는 선생님을 찾아 주고, 외국인 교회도 가는 등 모든 방법으로 외국어와 친해질 수 있는 환경을 만들어 주었다.

외국어는 세계로 향하는 고속열차의 티켓!

외국어 학습의 궁극적인 목적은 풍요로운 삶이다. 아이들이 상상한 세계를 존중하고, 꿈을 키워 주고, 개성을 이끌어 주는 것이 바로 부모들이 할 일이 아닐까 생각한다. 수업료가 비싸 아이를 영어 유치원에 못 보내 아이가 뒤처지진 않을까 하며 걱정하는 학부모도 있을 것이다. 한국 교육의 최대 당면 문제는 교육의 기본인 가정 교육의 부재이다. 아이에게 지식을 제공하고 지능만을 길러 주는 것이 아니라 아이의 개성에 맞는 능력을 계발해 주는, 부모가 가정에서 직접하는 자녀 교육이 진정으로 바람직한 교육이다. '기러기 아빠'도 감수하며 조기 유학 보내기를 교육열로 여기는 부모들이 안타깝다.

자녀와 가장 많은 시간을 보내야 할 사람은 선생님이 아니라 부모이며, 아이에게 가장 결정적인 역할을 할 수 있는 사람 역시 부모이다. 아이의 두뇌를 좋게 만드는 데에는 자주 안아 주고 부모의 애정을 느끼게 하는 정서적 안정이 무엇보다 중요하다.

공부는 스스로 하는 것이다. 공부를 잘하는 아이들은 하나같이 자기가 자기를 이끌어 스스로 배우는 능력이 뛰어난 아이들이다. 항상 아이의 말에 귀를 기울이고, 격려해 주며, 호기심을 자극하는 유대인식으로 자녀를 교육하여 자녀가 스스로 공부하는 아이로 자라도록 하게 하자!

과외나 학원에 중독되어 혼자서는 공부할 수 없는

이른바 '티처 보이^{Teacher boy}'를 만들지 말아야 한다. 모든 외국어 공부는 끊임없이 집중해서 듣고 부딪혀야만 끝내 빛을 발할 수 있기 때문이다.

교육열에 묻혀 가장 기본이 되어야 할 가정교육이 저만치 뒤로 물러나 있는 현실에서 제대로 된 영어교육과 부모의 교육 방향을 알리는 기회가 되었기를 바란다.

읽기, 듣기, 쓰기의 요령

말하기와 마찬가지로 일에 있어서 중요한 것으로는 '읽기', '쓰기', '듣기' 등이 있다. 읽기, 쓰기, 듣기는 일을 하는데 긴요한 요령임에도 크게 공부를 하지 않았는데, 갈수록 편리한 '보기'가 늘어나게 됨으로써 오히려 줄어들고 있다.

일이 잘 안 풀리게 될 때에는 책을 덜 읽고, 필기를 하지 않고, 남의 말을 잘 듣지 않는지 잘 살펴보아야 할 것이다. 읽기, 쓰기, 듣기에 대한 공부와 실천 역시 외국어 공부처럼 내내 파야겠지만, 한편으로는 외국어 공부에 비하면 훨씬 쉽고, '보기'에 쏟는 시간에 비하면 훨씬 더 적은 시간을 들여도 잘 할 수 있을 것이다.

보기를 조금 줄이고, 이러한 것들을 늘린다면 틀림없이 유익할 것이라는 뜻에서 승자들은 어떻게 했는지 모아 보았다.

읽기

"나는 어려서부터 위인전을 많이 읽었다. 그중에서도『제
3의 물결』을 열 번 이상 읽은 후 미래에 관련된 책들을 탐욕스럽
게 읽었다. 호텔에 들어가 경영서적 20여 권을 읽으며 회사 창업
을 준비하였다. 세계 석학들이 나만을 위하여 특강하고 있다고 생
각하며 책을 읽었다. 나를 키운 8할은 독서다. 남들이 뛰어나다는
나의 예측력과 기회포착 능력은 모두 독서에서 나왔다. 아이들
에게 책 이외에는 선물을 한 적이 없다."『돈은 아름다운 꽃이다』 저자.
박현주 / 김영사, 2007

박현주는 대학 2학년 때부터 주식을 했고, 스물일곱에 증
권 자문회사를 열었고, 서른둘에 증권회사 전국 최연소 지점장을
맡아 1위 점포로 만들었으며, 서른아홉에 미래에셋을 창업하였
다. 또한 국내 최초 뮤추얼 펀드, 국내 최초 인덱스 펀드, 국내 최
초 랩어카운트, 국내 최초 PEF, 국내 운용사 최초로 인도와 중국
으로의 해외 진출 등 아무도 가지 않은 길을 홀로 걸어온 박현주
회장의 바탕은 선천적인 것이 아니라 후천적으로 모두 독서에서
나왔다고 한다.

"나는 읽기와 생각하기를 좋아한다. 매일 6시간 이상씩 무언가를 읽고 매년 수백 개의 사업보고서를 읽는다." 『워렌 버핏의 주식 투자 콘서트』 저자. 워렌 버핏 / 옮긴이. 차예지 / 부크홀릭, 2010

누군가 워렌 버핏의 회사인 '버크셔 해서웨이Berkshire Hathaway'에 우리나라 돈으로 1,000만 원을 투자했다면 45년 동안 430억 원으로 불어나게 되었을 것이다. 투자의 귀재인 그는 눈덩이처럼 불어나는 주식에 집중적으로 투자하여 오랫동안 보유하기로 유명하다. 그는 자신보다는 남의 경험을 통하여 배우고, 현명하고 올바른 사람들과 사귀고, 존경하거나 좋아하는 사람들의 장점을 적어 스스로 에게 익히라고 충고한다.

"나는 일찍부터 두각을 나타냈던 것은 아니고 삼성을 이어받을 사람이 아무도 없다는 냉혹한 사실을 깨닫게 된 후 절박한 심정으로 경영공부에 모든 것을 걸어야 했다. 나는 밤을 새워 책을 읽었다. 세상에는 이미 많은 지식이 널려 있다. 결국 기존의 지식을 경영에 얼마나 잘 쓰느냐가 가장 중요하다. 독서는 이러한 혁신을 가능케 하는 가장 확실한 방법이다." 『이건희 27법칙』 저자. 김병완 / 미다스북스, 2012

이건희 회장은 20년 동안 강력하고 탁월한 리더십, 끝없는 집념과 열정으로 숨 쉴 틈 없이 개혁하는 신경영을 추진하여 마침내 삼성을 세계 1등의 IT 기업에 오르게 하였다.

듣기

"고객의 소리에 귀를 기울이는 방법만 안다면 영업은 끝이다." 『부메랑의 법칙』 저자. 피어갈 퀸 / 옮긴이. 김세중 / 바다출판사, 2003

아일랜드에서 체신부 장관까지 지낸 저자 피어갈 퀸Feargal Quinn은 8명으로 '슈퍼 퀸Super quinn'을 연지 40여 년 만에 아일랜드 전국에 체인을 늘려, 직원만 5,500여 명인 세계적인 식료품 소매체인으로 만들었다.

그 비결은 먼저 고객의 소리를 듣는 시스템을 마련하고, CEO가 직접 고객의 소리에 귀를 기울였다는 것이다. 듣고 싶지 않은 것을 듣고, 고객의 불만을 환영하고, 고객과 만나는 최초의 접촉점인 눈을 맞추고, 영업의 중심을 고객과 만나는 곳에 가급적 가까이 두고, 고객에게 항상 재미와 놀라움을 주는 고객 중심의 영업을 펼쳤다.

“어떤 개인도 홀로는 아니다. 이득을 보려면 적과도 부딪쳐야 한다. 신뢰를 쌓고, 그들의 말을 들어보고, 그들의 편에서 바라보고, 그들을 이해하여야 한다.” 『허브 코헨 협상의 법칙』 저자. 허브 코헨 / 옮긴이. 강문희 / 청년정신, 2001

미국 대통령의 대 테러 자문역을 지낸 허브 코헨[Herb Cohen]이 수많은 협상을 성공적으로 이끌었던 비결은 비록 적의 말이라도 진심으로 들었던 데에 있었다고 한다.

“나는 언제나 모든 사람에게 느낌, 생각, 체험을 통하여 나의 뜻을 전하고 있다. 누가 내 이야기를 듣느냐가 문제이지.” 『신과 나눈 이야기』 저자. 닐 도날드 월시 / 옮긴이. 조경숙 / 아름드리미디어, 2003

그는 다섯 번의 이혼때문에 양육비를 보조하여야 하는 자녀들만 아홉이었다. 게다가 아픈 몸으로 해고까지 당하여 인생이 엉망진창이었던 닐 도날드 월시[Neale Donald Walsch]가 스스로를 되돌아보며 깨달은 교훈은, 듣지 않으면 삶이 힘들게 된다는 것이라고 한다.

“항상 귀를 기울여라! 나는 내 이름도 쓸 줄 몰랐다. 하지

만 귀가 나를 현명하게 이끌었노라." 『CEO 칭기스칸』 저자. 김종래 /
삼성경제연구소, 2003

지난 천 년 역사에서 가장 중요했던 인물로 칭송받는 칭기
스칸은 듣기를 잘 함으로써 약 800만㎢의 다민족, 다종교 제국을
자유무역과 단일화폐로 다스렸다.

보통의 사람들은 기다리는 것을 싫어하기 때문에 기다림
은 당연하게도 지위가 낮거나, 권력이 없거나, 아쉬운 사람들의
몫이다. 즉 지위가 높거나, 권력이 있거나 아쉽지 않은 사람들일
수록 기다림에 낯설고, 상대가 기다려 주는 데에만 익숙할 뿐이
라는 뜻이다.

대화를 할 때에는 자신이 말하는 동안은 상대가 기다리고,
듣는 동안은 기다리지 않는다. 기다림을 끔찍하게 싫어하는 대표
적인 분들이 고객이다. 고객의 말을 듣지 않으면 고객은 기다리
게 되고, 기다리기가 싫은 고객들은 다시는 돌아오지 않게 된다.
놀랍게도 떠나는 고객들의 숫자를 절반으로 줄이면 매출액이 두
배로 늘어난다고도 한다. 떠나는 원인을 없애면 떠나지 않을 뿐
만 아니라, 더 오게 되고, 새로운 고객도 더 늘기 마련이다.

쓰기

"나는 머릿속의 생각을 글로 쓰면서 내 것으로 만든다. 만약 연필이 움직이지 않으면 좀 더 생각이 필요한 것이겠다. 합리적이지 않으면 한 글자도 더 안 나가기 때문이다." 『워렌 버핏의 주식 투자 콘서트』 저자. 워렌 버핏 / 옮긴이. 차예지 / 부크홀릭, 2010

"나는 코카콜라 주식 100주를 산다. 왜냐하면 (   ) 때문이다."

워렌 버핏은 투자를 하기 전에는 꼭 이러한 식으로 적어 보라고 권한다. 자신이 합리적인 판단을 하는지 여부는 머리로 생각하는 것만으로는 어렵고, 꼭 글로 써봐야 된다는 뜻이다.

"기록하고 잊어라. 안심하고 잊을 수 있는 기쁨을 만끽하면서 항상 머리를 창의적으로 쓰는 사람이 성공한다. 그 비결은 바로 '메모 습관'이다." 『메모의 기술』 저자. 사카토 켄지 / 옮긴이. 고은진 / 해바라기, 2003

이제는 기억력보다는 창의력이 더 중시되는 시대다. 두뇌

속 창의력의 공간을 늘리기 위하여 기억력의 공간을 메모하는 습관으로 줄여야 한다는 뜻이다.

　나는 이해관계가 첨예할 수밖에 없는 금융 분쟁을 많이 다루다 보니 검사를 하거나, 상담을 하거나, 통화를 할 때에 자연스럽게 메모를 하게 되었다. 모든 메모는 항상 노트를 가지고 다니면서 적었는데 30년 정도를 적다 보니 수십 권이 되었다. 그래서 일이십년 전의 복잡한 일로 다툼이 생기는 경우에도 그러한 기록들이 큰 힘이 된 경우가 몇 번 있었다.

　특히 시간이 많이 지날수록 과거에 있었던 일들의 시점 또는 순서에서 혼동이 된다. 몇몇 사람들은 이러한 순서를 고의적으로 바꾸기도 하여 기록이 없는 경우엔 난처한 상황이 발생할 수도 있다. 직장의 공식적인 의사소통인 결재 서류나 보고서, 프리젠테이션, 계약서 등의 문서 작성은 결국 ‘쓰기’이고 그 쓰기의 바탕은 생각하기이다.

　보고서 등은 가급적이면 한 장으로 쓰는 것이 좋은데 깊게 생각하지 않으면 한 장으로 줄이기가 힘들다. 생각하는 힘을 기르려면 읽고, 듣고, 말하고, 보기를 잘 하여야 한다. 결국 보기, 말하기, 읽기, 듣기, 쓰기, 생각하기는 서로 겹치는 부분이 많거나 연속 동작인 셈이다. 골고루 잘 하면 훨씬 더 많은 효과가 난다는 뜻

이다. 특히 가볍게 여기기 쉬운 읽기, 듣기, 쓰기를 유념하여야 할
것이다.

1. 다음 중 공생과 거리가 먼 것은 무엇인가?

가. 내 안에 천지가 다 들어 있다.

나. 선조들은 사람을 천지와 따로 나누어 산 적이 한 번도 없다.

다. 현대에 들어와 세상과 사람을 나누어 인간과 돈 중심으로
세상을 심하게 주물러 오히려 사람들이 얽매이게 되었다.

라. 자연 밖에 내가 있다는 생각을 믿어야 한다.

2. 다음 중 3단계의 외국어 통달법이 아닌 것은 무엇인가?

가. 몸통 찾기

나. 깃털 찾기

다. 부딪히기

라. 생각하기

3. 다음 중 이 책에서 나온 내용과 같은 것은 무엇인가?

　가. 자녀들을 영어 유치원과 외국에 꼭 보내야만 된다.

　나. 기회는 일생에 세 번 오므로 가만히 있어도 잡을 수 있다.

　다. 세상에는 머리 아픈 일이 많으므로 가급적 들어가지 않는다.

　라. 읽기, 듣기, 쓰기는 일을 하는 데 긴요한 요령이다.

4. 다음 중 비슷한 기회의 문이 아닌 것은 무엇인가?

　가. 고난

　나. 두려움

　다. 바람

　라. 욕구

5. 자녀와 함께 가장 많은 시간을 보내야 할 사람은 누구인가?

　　가. 선생님

　　나. 부모

6. 다음 중 자신이 가장 많이 하는 행동은 무엇인가?

　　가. 읽기

　　나. 듣기

　　다. 쓰기

　　라. 보기

7. 영어 유치원에 안 보내고도 영어를 잘할 수 있는 방법은 어떤

　　것이 있는가?

8. 자신의 목표와 그것을 얼마나 간절하게 원하는지를 적어보자.

9. 자녀와 함께 주말 농장이나 시골에 가서 땅을 파거나 풀을 뽑
는 일을 해보자.

10. 토요일 오후처럼 한가한 시간에 부부와 자녀들이 모여 고난,
두려움, 간절함, 목표 등 기회의 문에 대하여 각자의 체험이나
생각을 나누어 보자.

돈을 챙기다

/

나서서 벌다

/

일찍부터 불리다

사람을 움직이게 하는 불안, 승진, 비전, 성취, 인정, 복수심을 모두 합한 것보다 더 큰 동기가 아마 '돈'일 것이다. 돈이 모든 생활의 수단이기 때문이다.

사람들은 흔히 배고픔은 참아도 배 아픈 것은 못 참고, 공짜라면 양잿물이라도 많은 것을 선택한다. 돈을 버는 모든 일은 다른 일과는 사뭇 다르다. 가치가 있을 것으로 보여서 몰리게 되면 희소성의 원칙에 따라 오히려 가치가 떨어진다. 경제는 남이 아니라 본인의 확실한 계산에 따라야 한다. 배고픔을 중요시하고, 대가를 치르고, 미리 챙기는 사람들에게 결국 돈이 따르기 마련이다. 돈은 싸우거나 가로 채는 것이 아니라 깐깐하게 챙기는 것이다. 경제 활동의 행동방식은 '돈을 챙기다'이다. 그런데 한편으로는 돈이 아니라 자리를 챙기기 때문에 경제가 어렵기도 하다.

경제 활동은 크게 돈을 버는 일과 돈을 불리는 일로 나눌 수 있다. 뛰어난 사람들은 자신의 판단에 따라 생업에 나서고 일찍부터 돈을 모은다. 뛰어난 일꾼들은 어떻게 돈을 벌고 불릴까?

나서서 벌다

생업의 주체는 본인이 직접 기업이나 가게를 하는 사업가와 그곳에 고용된 직장인, 출자를 하는 투자자, 이렇게 셋으로 나눌 수 있다. 사업가는 경쟁자에 맞서야 하고, 직장인은 회사의 일에 나서야 하고, 투자자는 자신이 홀로 서서 투자를 하여야 한다. 돈을 버는 행동 방식을 정리해 보면 '맞서다', '나서다', '서다'라 할 수 있다.

이렇게 직장인과 사업가, 투자자가 돈을 버는 행동방식은 각각 구분이 되지만 이제는 직장인이나 투자자도 사업가처럼 기업을 자신의 것으로 여겨야만 한다. 투자자는 자신이 직접 기업주라고 생각하고 투자해야 한다. 따라서 사업가나 직장인이나 투자자가 각자 배우는 학습은 사실은 사업가, 직장인, 투자자인 셋 모두가 공통적으로 배워야 하는 것이다.

직장인의 9가지 요령

보따리가 물에 떠내려갈 때 누구의 보따리냐에 따라 사람들의 자세는 많이 달라진다. 직원들로 보면 회사일이 남의 보따리일 수도 있겠지만, 회사는 회사의 일을 자기 보따리로 여기는 직원을 가장 좋아한다.

주인의식

직장인의 운명은 출발할 때부터 결정된다. 신입 직원들에게 꼭 하는 말이 있다.

"대위나 대령 때가 아니라 사관학교 1학년 여름 때부터 동기생의 리더가 정해진다고 합니다. 뜀걸음에 힘들어 하는 동기생의 소총을 들어 주는 사람이 결국에는 리더가 됩니다. 사업가는 언제부터 일을 할까요? 당연히 시작할 때부터이지요. 직원들도 마찬가지입니다. 입사하는 바로 그날부터 일을 해야 합니다. 남보다 먼저 출근하고, 늦게 퇴근하여 일하는 자세를 만들고, 동료를 배려하는 습관을 길러야 합니다. 취업 공부를 하듯이 규정이나 실무 교본을 달달 외우세요. 가급적이면 문의 전화를 남에게 돌리지 마시고요."

이를 성실하게 실천한 한 신입 직원이 있었는데 일 년 만에 동료들로부터 가장 좋아하는 직원으로 뽑혔고 40여명의 선배들을 제친 부상으로 유럽 여행을 할 수 있었다.

이러한 경험을 바탕으로 CEO를 맡았을 때에는 신입 직원을 바로 뽑지 않고 일 년 동안은 잠정적으로 일을 하게 하고 그 성적에 따라 채용을 결정했다. 평가는 3개월씩 네 번을 시행하였다. 물론 이러한 방식이 합의를 이루지 못한 경우도 있었다. 그러나 지원자의 대부분은 더 이상 평가가 필요 없을 정도로 열심히 하여 6개월이나 9개월만에 채용이 되기도 했다. 처음부터 전력을 기울여 일을 하는 습관을 길러준 셈이었다.

어떤 차장에게는 이렇게 약속한 적도 있다. "어차피 앞으로 될 테니 지금부터 지점장이라고 생각하고 맘대로 일하세요. 뒷바라지는 내가 하고, 승진도 책임질게요!" 지점장보다 더 활기차게 일한 그 차장은 곧 승진을 하였다. 유능한 CEO는 항상 뛰어난 일꾼을 찾아다니기 때문이다.

자녀에게 사업을 계승시키는 창업주에게도 같은 이야기를 하고 싶다. 훌륭한 당신을 그대로 따르게 하는 것보다는 시행착오가 있더라도 자녀들이 회사의 주인이 되어 직접 해보게 해야 한다는 것이다. 기업은 사람에 달려 있다. 자녀에게 큰 기업을 물려주는 것보다는 주인의식이 투철한 일꾼이 되게 하는 것이 더 중요하다.

삼성의 이병철 회장은 본인이 하는 일의 90%를 60여 계열사의 CEO를 뽑는 일에 쏟았다. 그리고 나머지 5% 정도도 그 CEO의 부족한 부분을 잘 보완할 수 있는 부사장을 뽑는데 썼다. 그가 가장 잘한 일은 본인의 자리를 뛰어난 일꾼에게 물려준 것이라고 한다.

직장은 직원들의 일과 회사의 자리를 바꾸는 시장이다. 직원들은 당연히 월급도 많이 받고 승진도 빨리하고 싶겠지만 그것은 회사의 일이다. 직원들은 일을 하는 일꾼이고, CEO는 그 일꾼들이 잘 할 수 있는 자리를 마련하는 일꾼인 것이다.

일자리는 황금알을 낳는 거위다. 주인의식이 투철한 일꾼에게 맡기면 마치 거위가 황금알을 낳듯이 기회의 문이 열리게 되지만 일자리를 동문, 친지 등에 팔면 황금 알을 낳는 거위를 죽이는 꼴이 된다. 자신이 맡은 일로 사리를 챙기거나 파벌을 쌓는 것도 마찬가지다. 자리를 사고 싶다면 주인처럼 일해야 한다.

정직

남의 일을 맡은 사람은 정직이 가장 큰 무기다. 복잡한 사고를 깔끔하게 수습할 수 있는 가장 큰 힘도 정직으로부터 나온다. 돈을 다루는 일은 가혹하게 절제를 하더라도 실수가 나올 수 있다. '이 정도 쯤이야 무슨 큰 부정도 아니니까 다들 하겠지'하고 방심하는 틈을 노리는 사람들이 분명히 있다. 그래서 사기꾼들은 생활이 바른 사람을 가장 꺼린다.

바르게 일하기도 쉽지는 않다. 잘못된 풍토에서는 비아냥거리기도 하고 왕따도 시킨다. 올바른 행동으로 손해를 보았더라도 상심하지 말기를 바란다. 조직에서는 정직한 일꾼이 반드시 필요하다. 아픔을 삼키다 보면 힘이 생기는 법이다. 그런 힘이 생길 때에 비로소 자신의 힘으로 좋은 조직을 만들 수 있을 것이다.

시장과 고객

기업은 돈을 전문적으로 버는 조직이고, 시장은 그 돈을 버는 장소이고, 고객은 그 돈을 벌게 해주는 사람들이다.

처음 지점을 낼 때에 동료들은 추운 겨울에도 오전에는 사당역에서 서울대입구역까지, 오후에는 신림역에서 서울대입구역까지 걸어다니며 모든 상점을 들르기도 했다.

일꾼은 시장에 들어가 고객을 직접 만나야 한다. 나도 레미콘 차를 타고 아파트 건설현장에도 가고, 시멘트를 실은 배를 타고 서해도 건넜으며, 매일 60곳의 점포를 들렀고, 하루에 30곳의 영업점을 돌기도 하였다.

고객은 왕이다, 고객만족, 고객감동 등의 구호도 좋겠지만 고객과 공감하는 것이 무엇보다 중요하다. 그래서 "고객 속으로!"가 필자의 영업 캐치프레이즈^{catch phrase}였다. 부지런히 시장에 나가고, 열심히 고객을 만나서 고객의 소리를 듣다 보면 어느덧 회사에서 필요한 사람이 되어 있을 것이다.

자주성

직장에서 칭찬을 받게 되면 우쭐대고 싶은 것이 인지상정이다. 흔히들 칭찬을 받게 되는 경우 칭찬을 받지 못한 사람들은 매 맞는 기분을 느끼게 되고, 매를 때리는 선생님보다는 칭찬 받은 사람을 미워하게도 된다. 문제는 선생님이 매를 때리다가 그 매가 부러지면 별 생각 없이 버릴 때에 있다. 토사구팽兎死狗烹을 당했다고도 한다. 직장은 칭찬을 받기 이전에 돈을 버는 곳이다. 남의 칭찬에 휩쓸리지 말아야 할 것이다.

"남들이 당신을 칭찬할 때 아직 당신은 자신이 아니라 타인의 길을 가고 있다." / 니체

안 될 것 같은 큰 목표를 세우고, 그 아래 짧은 목표도 하나씩 세워 조금씩 이루는 것이 중요하다. 꼭 하고 싶은 목표를 적고 남들이 뭐라 하든지 목표를 이루기 위해 줄기차게 노력해야 한다.

20년 전, 처음 지점장이 되었을 때 윤병철 행장님이 들려준 "성공이란 남이 아니라 자신이 정한 뜻을 이루는 것"이라는 말을 전해 주고 싶다.

승진이나 부서 이동 시에 자신보다 못한 사람들이 잘 나가

게 되는 것처럼 화가 나는 일도 없을 것이다. 하지만 좌절하지 말기를 바란다. 통화 당국의 총재가 된 사람들도 대부분 젊은 시절의 늦은 승진을 반전의 계기로 삼았다고 하니 말이다.

인간관계

기러기 떼는 서로 앞과 뒤와 옆의 간격이 맞아야 공기의 저항을 적게 받으며 수만 리를 쉽게 날아갈 수 있다고 한다. 가까이 있는 동료와 상사, 부하간의 사이도 가깝고 깊어야 좋은 관계를 오랫동안 유지할 수 있다.

나는 첫 직장에 들어갔을 때 모든 선배들이 친절하게 배려해 주던 좋은 추억을 지금까지 소중히 간직하고 있다. 첫 인상이 중요하다. 처음 조직에 들어오는 동료들은 환경에 익숙하지 않으니 각별하게 배려해 주어야 한다. 사람은 대체로 자기를 좋아하는 사람을 좋아 하게 된다. 상대와 친해지려면 내가 먼저 상대를 좋아해야 할 것이다.

일을 빠르게 하는 것만이 능사가 아니다. 빠르기는 한데 부족하면 또 다시 해야만 하기 때문이다. 상대가 바라는 일을 내 일처럼 충분하게 파악하여 단번에 해 주어야 한다. 특히 자신의 전문분야는 확실하게 해주어야 하기 때문이다. 어려울 때 챙겨 주는 사람이 가슴에 훨씬 더 오래 남는 법이다. 축하할 일은 넘기더라도 상대가 힘들 때에는 사정이 있더라도 꼭 챙기다보면 관계가 더욱 좋아질 것이다.

일본 거래처 담당자가 차문을 열어 주면서 머리를 찧지 말라고 차문 위쪽에 당신의 손을 대 준 행동이 오랫동안 기억에 남았다. 작은 것까지 챙겨주면 사이가 더 깊어질 것이다. 커피 값 처럼 적은 돈은 자주 내야 한다. 돈으로 표시하는 희생만큼 가장 확실한건 없는 듯하다.

화장실에 갈 때와 올 때가 한결 같아야 한다. 고마운 일이 있으면 며칠 뒤에 가벼운 감사의 말이라도 꼭 전해 주어야 한다. 임금님도 없을 때에는 욕한다는 말같이 남을 뒤에서 뒷담화 하는 것처럼 시원한 것은 없겠지만 삼가기를 바란다. 누구를 만나든지 첫눈과 마지막 눈은 반갑고 즐겁게 맞추어야 할 것이다.

동료들은 경쟁자이기도 하지만 운명을 함께 하는 사람들이다. 누구든지 뜨거운 마음으로 대하여야 한다. 이와 같은 요령은 고객이나 당국자, 전문가는 물론이고 가족이나 연인, 친구들에게도 똑같이 적용할 수 있을 것이다. 끼리끼리 모이게 된다. 자신이 뜨겁게 살면 뜨거운 분들이 평생 곁에서 힘이 되어 줄 것이다.

팀워크

깜짝 세일처럼 단 하루만 금리를 더 줄 수 있어 당일에 성과를 많이 올려야 했던 적이 있었다. 전날 밤에 운전기사는 차량 동선에 따라 방문 순서를 정했다. 여성 직원은 출근하자마자 상품 내용을 팩스로 넣고, 차장은 전화를 걸어 설명을 하고, 지점장은 차를 타고 거래처를 직접 방문했다. 이미 팩스도 보고 설명도 있었기 때문에 지점장이 그 사실을 확인만 해주면 되어 면담이 길어야 5분 정도라서 다시 빠르게 다른 곳으로 갈 수 있었다. 시내에 있는 30곳을 방문하고 15곳과 거래가 성사되어, 하루만에 100억 원에 가까운 실적을 올렸다. 팀워크의 승리였다.

나는 제조 기업에 새로 오는 영업부장 같은 경우에도 1개월 동안은 생산팀, 기술연구소, 물류팀 등 전 부서를 순회하며 OJT^{on the job training}를 한 후에 본 직무를 수행하게 하기도 하였다. 영업의 대상인, 회사의 제품에 대한 지식의 습득과 아울러 사람을 사귐으로써 부서간의 팀워크를 다지기 위한 뜻에서였다.

표가 안 나는 일, 귀찮은 일, 책임이 따르는 일을 귀신처럼 피해가는 동료들도 있다. 또 그런 사람들일수록 잘 나가는 경우가 많아 속상할 때도 있다. 어느 곳에나 내내 잡담이나 하다가도 부장님이 퇴근할 때가 되면 책상 위에 잔뜩 펼쳐 놓고 일하는 척하

고, 회의 때에는 자기가 혼자 부서를 다 먹여 살리는 것처럼 떠드
는 사람도 있는 법이다. 밥을 지을 때에는 숟가락만 닦다가 식사
시간에는 용감한 그런 사람들 말이다. 위, 옆, 아래에서 남의 공을
가로채는 그런 사람들이 있으면 회사 생활이 정말 힘들어 진다. 그
러나 참아야 한다. 그런 사람들은 곧 사라진다. 최후의 경쟁자는
묵묵히 일하는 사람들이다. 그러므로 그런 일꾼들을 라이벌로 삼
고 친하게 지내며 그들로부터 배워야 한다.

직원들과 등산을 하면서 몇 개의 팀으로 나누어 시합을 한
적이 있었다. 결승 지점 통과는 그 팀에서 가장 늦은 팀원을 기준
으로 하였다. 일이 서툰 동료들까지도 함께 안고 가는 것이 팀워
크다. 본인만 잘 하는 것이 아니라 팀원들을 잘 하게 하는 것도 일
이다. 박지성 선수가 뛰어난 점은 본인도 잘 하지만 다른 선수들
을 잘 도와주기 때문이라고 한다. 팀워크를 다지는 데에는 회식
도 좋지만 등산이나 탁구와 같은 레저활동도 많은 도움이 되었다.

실행

새 지점에 발령을 받아 중요한 고객에게 빨리 인사를 드려
야 하는데 명함을 준비하지 못했다. 나는 먼저 인사를 드리고 명
함이 나오면 다시 가져다 드리겠다고 양해를 구했다. 명함도 없이

방문했냐고 얘기하는 고객은 단 한 분도 없었다. 오히려 고객을 한 번 더 뵐 구실을 찾게 된 셈이었다. 준비가 덜 되었더라도 때에 따라서는 먼저 행동에 옮기는 것이 필요하다.

스승

등대의 불빛을 보고 가야 가고 싶은 곳으로 가게 된다. 처음에는 권력과 돈이 많은 사람들만이 눈에 띌 수도 있겠지만 주위에는 틀림없이 바르고 부지런하여 빛나는 분들이 있을 것이다.

나는 운이 좋아서 그러한 분들을 많이 만날 수 있었다. 편하게 해주는 선배들만 만나고 싶겠지만 꾸짖는 분들의 말씀을 깊이 새겨들어야 한다. 그칠 줄 모르는 투지, 면도날 같은 업무 처리, 까다롭게 질책하는 상사들을 일부러라도 찾아 다녀야 한다.

뛰어난 스승은 책을 통하여도 만날 수 있다. 특히 세계 1등들의 책을 보는 게 좋다고 생각한다. 또한 우리와 환경이 같은, 국내의 뛰어난 일꾼들의 책을 읽는 것도 유익할 것이다.

창의성

내가 일했던 금융회사는 단자회사 때부터 직원 워크숍을 해왔다. 연말 즈음에 1박 2일로 전 직원이 연수원에 갔다. 임원은 빼고 직원들로만 몇 팀으로 나누어서 각 팀이 대화와 토론을 거쳐 다음 해의 매출과 이익 목표를 정하고, 손익계산서와 대차대조표를 작성하고, 영업 전략을 짜서 발표를 한다. 이렇게 각 팀이 발표한 숫자를 평균으로 하여 은행 전체의 목표와 전략을 정하여 실행하는 데, 단 한 해도 목표에 도달하지 못한 적이 없었다. 일을 직접 하는 직원들이 스스로 목표를 잡고, 방법도 찾고, 실천하고, 피드백도 했기 때문일 것이다. 스스로 고뇌하고 모색하는 것이 창조성의 바탕이 될 것이다.

『장사, 뭐니 뭐니 해도 서비스다』

저자. 김근종 / 출판사. 중앙경제평론사 / 핵심동사. 벌다 /

일의 분류. 생업

직장 생활도 물론 힘이 들지만 자신의 돈을 투자하여 죽느냐, 사느냐로 몸부림치며 일하는 경영자는 발걸음부터가 다르다. 식당은 전국에 50만 점이 훨씬 넘는, 정말 치열한 업종 중 하나다. 그렇게 힘든 음식점을 20년 이상 경영한 김근종 저자가 말하는 서비스에 대하여 본격적으로 공부해 보자.

돈 벌어주는 10가지의 서비스! 알고 보면 쉽다.

첫째, 말ᄅ

어느 냉면집 사장은 입만 열면 험한 말을 한다. 장사가 잘 될 리 없었다. "맛있게 드셨습니까?" 얼마나 좋은 말인가? 고객이 가장 듣기 싫어하는 말이 있는데 "회사의 방침입니다." 또는 "제 일이 아닙니다."와 같은 말이다.

고객은 적극적인 종업원을 좋아한다. "죄송합니다. 회사의 방침이지만 방법을 찾아보겠습니다."라든지, "제 일은 아니지만 담당자를 연결해 드리겠습니다."라고 해야 한다.

전화할 때에 고객은 당연히 "여보세요?"라고 할 수 있겠지만 직원도 "여보세요?"라며 전화를 받는 것은 불쾌할 수 있다. '그래 당신 용건이 뭐야?'라는 의미로 들릴 수 있기 때문이다.

"금방 나옵니다. 조금만 기다려 주세요."라는 말은 음식점에서 많이 듣고 속아 온 말 중 하나다. 음식이 늦게 나온다면 그 자리에서 확실하게 말하고 양해를 구해야 한다. 그리고 고객이 주문한 메뉴가 확실치 않다면 이내 다시 확인하여야 한다. 고객이 주문한 메뉴를 종업원이 다시 확인한다고 해서 화내는 고객은 많지 않다.

둘째, 이미지

보이지 않는 서비스를 고객들은 어떻게 느낄까? 대부분의 서비스는 보이는 것에서 느낀다고 한다. 자기 집이 지저분한 고객일수록 깨끗한 식당을 좋아하는 법이다. 고객들이 갖는 대리 만족의 기대치는 굉장히 높다. 고객들의 이런 속성을 잘 이해할 수 있어야 진정한 장사꾼이 아닐까 싶다.

특히 고객과 마주치는 첫인상이 가장 중요하다. 고객의 첫눈이 가는 간판, 메뉴, 인테리어, 주방도 잘 관리해야 한다. 인테리어, 그릇, 종업원의 옷차림 등 모든 것에 대해 깨끗한 이미지를 심어 주도록 노력하는 것이 식당의 인기 비결일 것이다.

셋째, 진실한 마음

가끔 고객에게 따지는 직원도 있다. 고객한테 이길 수도 없지만 이긴다고 해도 무슨 이익이 있을까? 고객은 싸워서 이기거나 가르치는 그런 대상이 아니다. 서비스란 말처럼 쉽지 않은 것이다. 고객을 상대하는 직원은 항상 차분하고 자기를 절제해 할 수 있어야 한다.

"고객은 언제나 맞다."라는 신조로 13세 때 벨 맨에서 시작하여 수많은 호텔의 경영자가 된 사람도 있다. 고객을 쉽게 보면 쉽게 실패 할 수 있다. 모든 서비스는 고객의 마음을 상하지 않도록 하는 데에 초점을 맞춰야 성공한다. 마음에서 우러나오는 서비스만이 고객에게 통한다.

고객들은 하찮은 것에 화를 내기도 하지만 사소한

것에 감동받기도 한다. 고객이 들어서는 순간 '아니, 이런 곳이?'라고 할 수 있는 음식점의 성공 확률은 95%일 것이다. 고객과 마주치는 최초 15초 동안 만이라도 정말로, 진실한 마음으로 고객을 대해 보자. 고객들은 자신들이 받은 좋은 서비스를 기억했다가 간혹 실수를 하더라도 용서한다. 고객에게 하는 좋은 서비스도 일종의 예금이라고 할 수 있다. 고객에게 예금이라는 서비스를 꾸준히 쌓도록 해보자.

넷째, 고객에게 귀 기울이기

식당에서 짜다, 맵다, 질다 등의 말이 들려올 때마다 사장님들 대부분은 "예! 예!" 하면서도 속으로는 '지가 뭘 안다고, 요리의 요料자도 모르면서. 나는 음식 장사만 15년째다!'라면서 고객의 말에게 귀 기울이지 않는다.

어느 닭갈비 집 주인은 고객이 지적한 것은 아무리 사소하더라도 꼬박 꼬박 적어 영업 후 밤새 실험해 보았다. 설탕도 더 넣어 보고, 물도 줄여 보며 고객들이 원하는 맛을 찾기 위해 몇 개월을 애쓴 끝에 드디어 원하던

맛이 나왔다. 물론 그 후 고객들이 몰려와 주인은 즐거운 비명을 질렀다.

다섯째, 차별화

개업식 때 "정말 맛있다", "끝내 준다." 하는 친구들의 말에 솔깃하지 마라. 맛이 없을 때 "이런 맛으로 장사를 하겠다니……." 하며 속내를 내놓는 친구의 말에 귀기울여야 한다. 어쩌면 모르는 사람한테 받는 평가가 훨씬 정확할 수 있다. 먼저 가까운 곳의 고객부터 공략하라. 바로 옆의 고객도 찾아오지 않는데 먼 데 고객이 오겠는가?

미국에서 존경받는 항공사인 사우스 웨스트^{South-west Airlines}에서는 비상 시 탈출에 대한 기내 방송을 다른 회사들처럼 딱딱하게 하지 않는다. 인기곡의 멜로디에 맞춰 스튜어디스들이 노래를 부르며 고객에게 들려준다. 지루하기만 한 시간이 순식간에 흥겹게 바뀐다. 고객 중심으로, 고객을 찾아 나서는 차별화된 서비스를 어떻게 할 것인지 항상 고민해야 한다.

여섯째, 사소한 아이디어

찜닭, 보쌈 등 옛 음식이 뜨고 있다. 전통음식, 자연식이라고 무조건 사양업종은 아닐 것이다. 제주도에서 돼지 잡는 것을 구경 갔다가 솥뚜껑에 구운 고기 맛을 보았던 사람이 있었다. 그는 기름이 솥뚜껑 밑으로 흘러 내려 고기 맛이 기막히게 좋아진 것을 보고 아이디어를 얻어 솥뚜껑 삼겹살을 생각해 냈으며 이를 대중화하여 성공했다.

일곱째, 종업원

중국에서는 사장이 문지기를 담당하는 식당이 꽤 많다. 고객을 제일 먼저 맞이하고 고객에게 칭찬도 많이 한다. 사장이 앞장서면 고객들도 기분이 좋아지고 종업원도 신나게 따라 한다.

고객과 마찰이 있는 종업원들은 으레 자신의 잘못을 인정하지 않는다. 고객과 종업원이 마찰이 있을 때를 대비하여 종업원의 책임 한계를 미리 분명하게 정하여 종업원의 불필요한 불만도 줄여야 할 것이다. 종업원, 특히 주방장이 출근하지 않으면 타격이 크다. 종업원이야말로 가장 큰 서비스 상품이므로 일 한 만큼의 대가는 반드시 보상해 줘야 한다.

여덟째, 확인

고객은 눈에 보이는 시설과 종업원의 외모, 약속된 서비스를 해주는지, 서비스하는 기술이 충분한지, 친절하고 진실한지, 빨리 해주는지 또는 고객의 요구를 알려고 하거나 고객을 이해하려고 하는지로 서비스를 평가한다. 잘 체크해야 한다. 음식에서 파리가 나오거나, 종업원이 불친절하면 고객의 발길이 끊어질 수도 있다. 실제 상황을 시나리오로 만들어 고객과 종업원의 역할을 바꾸는 역할게임을 해 보는 것도 도움이 된다.

아홉째, 정성

전화 자동응답기에 짜증을 내는 고객도 많다. 고객들은 사람으로부터 직접 서비스를 받고 싶어 한다.

충남의 어느 묵 집은 노인이 땀을 뻘뻘 흘리며 묵을 직접 쑤는 장면을 매장 내 모니터로 계속 보여 주는데, 손님이 많다. 음식을 정성껏 만드는 모습이 오래오래 남나 보다.

어느 단골 식당에 가면 300여 명의 고객이름을 모두 외워 고객을 보자마자 "○○○ 사장님, 어서 오십시오!" 하고 인사하는 직원도 있다. 물론 남 모르게 열심히 준비한 결과일 것이다.

열째, 사전 준비

어느 허름한 순대집은 고객이 바글거리지만 늘 조용하다. 식탁마다 소주, 소주잔, 수저통, 생수통 등 고객이 원하는 모든 것이 잘 세팅되어 있기 때문이다. 고객들이 굳이 "아줌마, 여기 소주 한 병! 잔도요!"라며 소리 지를 필요도 없다. 소주병을 들고 왔다 갔다 할 종업원이 없어도 된다. 더욱 빨라만 가고 있는 시대이다 보니 고객이 가장 싫어하는 것 중의 하나가 자신을 기다리게 하는 것이 되고 말았다.

『돈은 아름다운 꽃이다』

저자. 박현주 / 출판사. 김영사 / 핵심동사. 피우다 / 일의 분류. 투자

미래란 불확실성으로 가득 찬 세계다. 투자는 직장이나 사업과는 달리 불확실한 앞날과의 싸움이다. 자신이 모르는 것에는 투자해서는 절대 안 된다. 알고 투자해야 불확실성을 최소로 줄일 수 있다. 일관성을 가지고 원칙을 지키는 게 바로 선진 금융기법이다.

　　나는 아이들에게 공돈을 준 적이 없다. 돈은 땀을 흘려 모아야 하고 투자는 자기의 돈으로만 해야 한다. 건강을 위해 아무리 바빠도 주 2, 3 회는 땀을 흠뻑 흘리며 운동한다.

　　나는 학교 성적이 좋지 않았다. 어머니는 "학교 우등생은 여러 장점 중의 하나일 뿐이고 착실하고 바르게만 살면 무슨 일을 해도 좋다! 성공은 하늘에 맡기고 성실하게 일하라!"고 하셨다. 또 대학생인 나에게 직접 부동산을 사게 하고, 실은 당신 돈이면서도 남의 돈이라고 꼭 갚으라며 높은 이자로 빌려 주셨다. 남의 돈을 맡은 사람은 늘 바르고 조심해야 한다는 공부를 시키셨던 것이다.

최고의 전문가가 되는 가장 빠른 지름길은 최고의 전문가 밑에서 일하는 것이다. 젊었을 때 훌륭한 선배들을 만난 경험이 사업을 할 때에 큰 도움이 되었다.

그런데 돈만 따라 다니면 안 된다. 주식을 얼마 가지고 있든지 일단 돈에 민감해지면 불행이 시작된다. 돈만 쫓아다니게 되면 더러 벌기도 하지만 결국은 사고가 나게 되는 법이다.

30여 년 동안 나는 내가 아는 것만 멀리 보고 투자해 왔다. 그때 그때 자주 사고파는 사람들은 실패할 가능성이 크지만 성공 투자자는 거의 펀드에 돈을 넣어두고 생업에 전념했던 사람들이다. 나는 항상 10년 후를 본다. 입지가 좋은 부동산, 경쟁력이 있거나 전망이 좋은 기업, 빠르게 성장하며, 설비투자를 많이 하고, 부존자원이 풍부하고, 환경이 깨끗한 나라의 기업에 투자한다.

"기본에 충실 하라!"가 나의 일관된 운용 전략이다. 기본이란 내재가치에 따른 가치투자, 합리적인 소수의 생각을 따르는 소수게임, 이익보다는 발생할 수 있는 위험을 중시하는 위험관리인데 실제로는 많은 경험과 통찰력이 필요하다. 길게 보면 모든 값은 내재가치로 수렴

된다. 실제 지니고 있는 값보다 지나치게 오른 것은 내려오고, 반대로 큰 폭으로 떨어진 것은 다시 오르게 되어 있다. 77%가 부동산인 우리나라 가계의 재산 구조는 앞으로 달라질 것이다. 가격상승에 초점을 둔 주택 같은 부동산보다는 안정적으로 현찰이 나오는 오피스 빌딩이나 호텔에 투자하여야 할 것이다. 재산이 부동산에서 금융시장으로, 저축에서 투자로 옮겨 갈 것이다.

나는 회사를 세운 후에 사업모델을 만들지 않고, 차별화를 바탕으로 한 비즈니스 모델을 세우고 '미래에셋'이라는 증권사를 차렸다. 지금까지 늘 제로베이스에서 전략을 짜 새로운 시장을 만들어 돈을 벌며 성장해 왔고, 남을 벤치마킹^{bench marking}하지는 않았다. 다수에 섞이면 마음은 편하겠지만 재미는 별로 없다. 성공한 사람들은 평범한 사람들과는 다른 길을 간다. 소수의 입장에 선다는 것은 길게 본다는 것이다. 소수의 입장이 장기 추세에 맞는다면 언젠가는 뜰 것이다.

신흥 시장 개척의 초점은 외형이 아니라 고객이다. 고객을 만나러 가기 전에 반드시 샤워를 하고, 항상 고객과 즐겁게 대화하려고 책과 신문에서 재미있는 소재를 머릿속에 넣어 둔다. 미래에셋의 펀드 매니저들은 정신이 맑은 상태로 고객의 돈을 운용하기 위하여 주중에는 술을 마시지 않는다. 고객에게 믿음을 잃으면 어떤 비즈니스도 성공 할 수 없을 것이다.

자산운용업의 핵심은 신뢰이다. 나는 단기 실적에 급급하여 편법을 쓰지 않는 등 한 눈 팔지 않고 고객을 위해 일하여 성공하였다. 잘 팔린다는 이유만으로, 남이 판다고 해서 상품을 팔아서는 안 된다. 고객이 원하는 상품만이 아니라 고객과 함께 길게 갈 수 있는 좋은 상품을 팔아야 한다.

지난 10년간 국내 주식이 싸다고 줄곧 외쳤다. 지수가 2천을 넘어 나와 함께한 고객들이 이익을 봤다. 그러나 즐겁지가 않았다. IMF후 헐값의 국내 우량주와 도심의 수익성 높은 부동산을 사들였던 외국자본이 주식시장에서만 무려 300조 원 가깝게 삼켰다. 1960년대부터 우리 국민들 모두가 피땀 흘려, 맨땅에서 이룩한 이 나라 경제의 열매를 단숨에 외국인들에게 바친 셈이 되었다. 다시는 이런 악몽이 되풀이 되지 않게 하여야 할 것이다.

중국이 실제로 공산주의 체제였던 것은 30여 년

에 불과하다. 현재 중국의 빈부격차는 갈등요인임에 분명하지만 지속적인 중산층의 증가로 중국은 세계 경제의 중심이 될 것이다. 우리는 각 산업에서 중국 쓰나미에 대비하여야 한다. 현재 전 세계 모든 기업이 아시아와 관련이 있다. 금세기는 중국이 주도하는 아시아의 시대가 될 것이다. 아시아의 30억 인구가 바로 우리의 고객이라고 생각하고 해외로 나가야 한다.

금융은 내수산업이 아니라 수출산업이다. 미국, 영국, 스위스, 아일랜드 등 잘 사는 나라들은 모두 금융이 강하다고 한다. 금융 산업은 해외에 나가 국부를 만들어 내야 할 것이다.

2026년이면 65세 이상 노인이 전 인구의 20% 이상인 노인사회에 들어간다. 수입은 줄어드는 데 의료비 등의 지출이 많아 노인들의 살림살이도 팍팍하고, 국가 경제의 활력도 떨어지며, 연금도 점점 마르게 될 것이다. 한창 때처럼 스스로 돈 벌 힘이 없기에 돈이 돈을 버는 구조를 짤 수밖에 없다.

10년 전, 미래에셋은 모두 9명의 직원으로 시작하여 이젠 만 명이 넘는 회사가 되었다. 직원들이 갖고 있는 미래에셋 증권과 생명 주식의 시가도 1조 원이다. 직원들이 부자가 되는 회사가 좋은 회사다. 나도 10년간 샐러리맨이었지만 받는 만큼만 일한다고는 단 한 번도 생각하지 않았다. 회사는 가정에 이어 제2의 삶의 공간이다. 자신의 꿈을 키우고, 실력을 쌓고, 인적 네트워크를 만들 수 있는 생생한 교육현장인 것이다. 젊은이는 꿈을 꾸고 그 꿈에 맞게 직장을 선택하여야 할 것이다.

펀드 손실로 투자자들에게 거친 항의도 받았다. 그러나 어려울 때마다 굴복하지 않고 앞으로 나아갔다. 바람이 없을 때 바람개비를 돌리려면 앞으로 달려갈 수밖에 없을 것이다. 미래를 얻기 위해서는 정말로 어렵지만 끊임없이 자기에 대해 현재의 익숙함과 편안함을 버리는 창조적 파괴를 해야만 한다.

바르게 벌어서 바르게 쓸 때 돈은 아름다운 꽃이 되어 활짝 피어 난다. 젊은이들은 빨리 독립하여 어려움도 겪어 보고 스스로 책임지는 법을 배워야 한다. 다른 한편으로는 건강하고, 책을 많이 읽으며 정직하게 살기를 바란다.

일찍부터 불리다

어려운 수학이 아닌 재테크

"나는 6살때부터 저축하고, 13살에 114달러로 첫 주식을 산 이후에 70년간 주식 투자를 해 왔다." 『워렌 버핏의 주식 투자 콘서트』

저자. 워렌 버핏 / 옮긴이. 차예지 / 출판사. 부크홀릭, 2010

어느 고객이 상당한 금액을 예금하면서 안전하고 이자가 가장 많은 상품으로 해달라고 간곡하게 요청한 적이 있었다. 다른 형제들보다 이자가 낮으면 절대로 안 된다고 했다. 그 고객의 부모가 자녀들에게 물려 줄 돈을 처음에는 각자가 받을 금액의 절반만 주고 나머지 절반은 그 돈을 불리는 성적에 따라 나누어 주기로 했다는 것이다. 그래서 그들은 부모에게서 받은 돈을 손도 못 대는 것은 물론이고 번 돈까지도 부지런하게 보탠다는 것이다. 4대째 내내 부자로 이어 오게 한 가문의 경제교육인 셈이다.

2004년, 처음으로 가르친 어린이 경제 교육 때에 초등학생들로부터 "선생님, 부자 할아버지가 자식이나 손자 없이 돌아가셨을 때 그 돈은 누가 받게 되나요?"라는 질문을 받아 꽤 난처했던 경험이 있다. 『심청전』이나 『몽테크리스트 백작』과 같은 동화들이 원래 전하려는 주제와는 달리 우연하게 부를 얻게 되는 상황만 아이들에게 심어 주지는 않았는지, 아니면 우리 사회가 급하게 성장하면서 그렇게 되었는지 모를 일이다. 재테크 교육은 어릴 때부터 바르게 해야 할 필요가 있다.

대학생들한테도 신용카드를 무분별하게 발급해 주다보니 천만 원 이상씩을 대신 갚아 줘야 하는 부모와 그 자식들 간의 갈등도 흔하게 보아 왔다. 금융회사는 남의 아이들도 내 자식같이 귀하게 여기고, 남의 돈도 내 피처럼 한 방울도 흘리지 말아야 한다.

토지 보상을 받는 고객들 중에는 8억 7천만 원을 받아 3천만 원을 더해 9억 원을 예금하는 분도 있는 반면에 5억 원을 받고 처음에는 예금을 하려고 했으나 떡본 김에 제사 지낸다고, 갈수록 이리저리 쓸 일이 많아져 결국에는 대출까지 해달라는 고객도 있었다. 또 토지보상 후 몇 년이 지나 관리를 잘 못해 돈이 떨어진 형제들이 처음 보상금을 나눌 때에 잘못 되었다며 제삿날만 되면 소란이 있기도 했다.

늙으신 부모의 하나 남은 집을 담보로 사업 자금을 빌리려고 하는 자녀들은 꼭 면담을 했다. 부모님의 은혜는 놔두고라도 흔히 말하듯이 돈이 돈을 버는 것이 아니라 뼈저리게 겪으면서 버는 것이 돈이라고 조언해 주었다. 그런데도 이럴 때에는 아무리 훌륭한 분이라도 내 자식은 내가 알아서 한다며 당신의 자녀를 가르치려 했다고 섭섭해 하여 안타까운 적이 많았다. 자식 이기는 부모가 없겠지만 돈 관리만큼은 철저히 부모가 가르쳐야 한다. 훌륭한 어머니들도 모성애 때문인지 자녀들의 잘못된 돈 관리에서는 어쩌지 못하는 경우가 많다. 출산의 고통처럼 마음이 아파도 견뎌내야 돈을 제대로 다루는 자녀로 키울 수 있지 않을까?

은행에서 대출할 때에 여러 가지를 심사하지만 다음의 3가지를 먼저 보게 된다.

- 자기 돈은 넣었는지
- 갚을 수는 있는지
- 다른 곳은 빌려 줄 수 있는지이다.

그런데,
- 내 돈이 한 푼도 안 들어갔거나
- 갚을 수 없거나
- 거기 아니면 다른 곳에서는 안 빌려 주는 경우라면 어떻게 될까?

기어이 빌리려고 하기보다는 부족하더라도 자기 돈만으로 하는 것이 좋다. 흔히 얘기하듯이 몸으로 때우라는 뜻이다.

나는 50대 초반까지는 돈의 가치를 지키는 일이나 금융회사를 검사하는 일, 직접 돈을 빌려 주는 일 등을 해왔다. 나중에야 비로소 돈을 빌리는 일을 거들게 되었는데 그게 만만치가 않았다.

건설기업의 재무 일을 하면서 신규대출은 아예 안 되고, 몇 조 원이나 되는 차입금과 보증금을 만기일에 연장도 할 수가 없었고, 몇 천억 원이나 되는 어음이 기다리고 있었다. 아무리 좋은 기업이라도 두 달 이상 버티기 힘들다는 상황에서 오로지 땅과 기업과 골프장들을 팔아 빚을 절반까지 갚았다. 매일 몇 십 곳이나 되는 1, 2 금융회사의 상환 독촉 속에서 입술이 타고 피가 마르는 일 년을 보냈더니 이제는 보증, 대출, 어음이라는 소리만 들어도 가슴이 철렁하고 내려 앉게 된다. 견고하던 그룹들마저 빚으로 무너지고 있다. 아무리 사업의 열정이 뜨겁다 하더라도 일단 금융회사에서 안 되겠다고 하면 그 뜻을 빨간 신호등이라 여기고 사업을 다시 신중하게 살펴보아야 한다. 그런데 그런 때에 제2, 3 금융권을 기웃거리거나 기발한 요령만을 구하지 않길 바란다. 신호를 외면하고 달리는 수많은 차 사이를 건너고 싶지는 않을 것이다.

내 돈이 들어가지 않으면 긴장도가 떨어져 사업 자체가 제대로 되지 않는 법이다.

PF^{Project Financing} 대출은 초기에는 아파트 건축 사업을 할 땅값의 70% 이내에서 실행되었지만 경쟁이 심해져 2~3년 동안의 이자까지 포함하여 땅 값의 120% 이상까지 대출금이 나가기에 이르렀다. 내 돈 없이도 땅을 살 수가 있게 되자 사업은 남의 돈으로 하는 것이라는 말도 돌았다. 하지만 세상에 공짜는 없다. 100조 원이 넘게 나간 PF대출금은 결국 문제가 되었다. 그 여파로 지금까지도 건설기업 퇴출, 금융회사 부실, 건설 경기 침체 등의 후유증을 겪고 있는 것이다.

최근 10여 년간 공공기관이나 개인의 빚이 급격하게 늘어나 이천조 원에 이르게 되었다고 한다. '우선 먹기는 곶감이 달다'는 속담까지 있을 정도로 빚은 달콤한 유혹이지만 한편으로는 미래의 부담인 것을 모르는 사람은 없다. 아마도 자리 차지와 임기 채우기에 급급한 리더들의 생각 없는 행동의 결과일 것이다. 과다한 빚은 결국 자녀들을 힘들게 하여 취업난, 전세난, 고령화 등과 혼합되어 예전에는 없었던 세대 간의 비정한 갈등이 초래될 것이다.

아파트 가격이 올랐던 이유는 학군이나 교통이 주요 원인이기도 하였지만 금융이 잘 되었기 때문이기도 하다. 대출이 잘 되어 아파트 값이 오르고, 아파트 값이 오르면 또 대출 금액이 늘어나게 된다. 금융과 금융의 담보인 부동산 가격은 상호 작용을 한다. 문제는, 좋을 때가 아니라 반대의 경우가 참혹한 데에 있는 것이다. 이제는 아파트 가격이 떨어지면서 전세 가격이 오르고 있다. 전세가가 오르면 전세 자금 대출이 늘어나고 또 다시 전세금이 오르게 된다. 악순환의 연속이 된다. 또 끝이 없는 가격 상승은 없는 법이다. 매매가가 떨어지면서 일어났던 문제들이 전세가에서도 되풀이 될 것이다. 미국에서 싼 집들까지 담보로 하여 100%씩이나 대출하여 세계의 금융위기를 일으킨 서브프라임 모기지론Subprime mortgage loan은 분명히 잘못된 일이다. 툭하면 갖다 붙이는 OECD 가입국이라든지, 아무리 테크닉이 있고, 기법이 어떻다 하더라도 과도한 빚은 절대 안 된다. 개인이나 정부의 문제만이 아니다. 실적에 몰두하는 금융회사의 난제이기도 하다.

"지난 15년간 대형은행이 사고가 난 이유가 바로 그 생각 없는 집단행동 때문이었다."『워렌 버핏의 주식 투자 콘서트』저자. 워렌 버핏 / 옮긴이. 차예지 / 부크홀릭, 2010

재테크는 어려운 수학이 아니다. 인류가 언제나 해왔던 움직임처럼 오랫동안 불리는 것이다. 결혼도 일찍 하고, 아이도 일찍 낳고, 직장도 일찍 잡고, 사업도 일찍 하고, 집도 일찍 사고, 한 직장에서 오래 일한 사람, 한 사업을 오래 한 사람들 중에 부자가 많다.

자기가 진짜 잘 아는 곳에만 투자를 하여야 한다. 친구 따라 강남 가면 마음이야 편하겠지만 결과는 불편할 수도 있어 조심해야 한다. 비록 모두가 한다 하더라도 과도한 빚은 금물이다. 물론 건강해야 돈을 모을 수 있을 것이니 건강에도 신경을 써야 한다. 아프면 병원비도 들고 돈도 못 벌게 되니까 말이다.

『서른에는 꼭 만나야 할 저축 생활 가이드』

저자. 장홍탁 / 출판사. 좋은 날들 / 핵심동사. 불리다 / 일의 분류. 재테크

부자들의 재산 관리를 맡고 있는 현장의 웰스 매니저[wealth manager]로부터 저축을 잘 할 수 있는 요령에 대하여 살펴보자.

장
홍
탁
/
줄
거
리

직장인이 재테크나 부동산, 주식을 잘 해서 부자가 된 경우는 드물다. 1억 원을 모았든지, 10억 원을 모았든지, 그들의 시작은 바로 저축이었다. 저축은 본격적인 재테크로 넘어가는 발판이자 평생의 삶을 떠받쳐 주는 힘이 된다.

쌓아야 한다

아는 곳에 쌓아야 한다. 섣부르게 투자하여 돈 모으는 재미를 채 알기도 전에 의욕이 꺾일 수도 있다. 옆에서 큰 돈을 벌었다고 해서 배가 아프면 절대 안 된다. 주식을 잘 하는 비결은 체득하기 어렵지만 대박의 유혹, 소문에 사고파는 충동구매, 손절매에 대한 무개념 등 손해 보는 비결은 참으로 쉽다.

충분히 공부하기 전까지는 투자하지 말아야 한다.

수입의 1/4은 무조건 쌓자. 하루라도 일찍 시작해야 한다. 돈은 모일수록 가속도가 붙으므로 젊어서 부자가 평생 부자이기 때문이다.

재테크 초기에 돈을 모으는 데 비법 따위는 없다. 쓰고 남은 돈으로 모으겠다는 생각조차 말고 먼저 떼어 쌓고 나머지를 써야 한다. 급여가 들어오면 저축 통장으로 먼저 빠지도록 자동이체를 걸어 놓자. 지금 당장 쌓아야 한다.

빚

빚부터 빨리 갚아야 한다. 돈은 생물이니 꾸지도 말고 꾸어 주지도 말아야 한다. 신용대출이나 마이너스 통장은 가장 먼저 없애야 한다. 신용카드는 한 달 후에 갚아야 할 빚이다. 연체 이율이 30%에 달하는 신용카드의 현금서비스는 중도상환이라도 해서 갚아야 한다. 정 쓰고 싶으면 체크카드를 발급 받아 쓰도록 하자.

보증

“천천히 망하려면 주식을 하고 한 번에 망하려면 보증을 서라.”는 말이 있다. 보증은 서지도 말고, 부탁도

하지 말자. 가까운 사람일수록 더 안 된다. 문제가 되면 사람마저 잃게 될 것이기 때문이다. 만약 보증을 부탁받았다면 감정이 상하지 않게 회사에서 금지한다고 하거나 가훈이라고 둘러 대기라도 해야 한다. 보증을 서게 되면 대출한도가 줄어든다. 정말 어쩔 수 없는 경우에는 내가 떠안더라도 타격이 심하지 않을 범위 내에서만 서야 할 것이다.

적금

종자돈을 모으고 헤픈 씀씀이를 막는 데에는 적금만 한 게 없다. 적금은 원금이 줄어들지 않고 만기 금액을 정확하게 예측할 수 있다. 금리가 높은 저축은행 같은 제2금융권도 5천만 원까지는 예금자 보호를 받을 수 있다. 후순위 채권은 예금이 아니라 자본에 출자하는 것이니 금리가 높더라도 원금에서 손해를 볼 수 있다는 점을 새겨 알아야 할 것이다.

절세 상품

반드시 절세 상품들을 체크하자. 생계형 저축이나

장기주택마련 저축비과세 상품, 단위 농협이나 신협 등에서는 저율 과세나 일인당 천만 원 한도 내의 세금 우대가 있다. 만기 10년 이상, 최장 15년간 이자소득세가 면제되는 재형저축도 있다. 저축성 보험의 경우 소득공제나 비과세여부를 확인 하는 것도 필수다.

절약

자동차, 쇼핑, 술자리, 여행과 데이트는 끊임없이 당신을 유혹할 것이다. 특히 자동차는 할부 값과 3년 정도 유지비를 계산하면 금방 몇천만 원 정도가 된다. 5년만 걸어 다녀도 5천만 원 정도를 모을 수 있다. 마트에도 일주일에 한 번만 가고 구매할 상품의 목록을 미리 적어 가자.

절약에 가장 좋은 방법은 지출 내역을 적는 것이다. 요즘은 무료 가계부 프로그램 등도 많으니 활용해 보는 것도 좋을 것이다. 주택 자금, 자녀 교육, 불의의 사고에 대비하는 계획을 부부가 함께 정기적으로 검토해 보자. 재테크 효과나 부부간의 유대감도 더욱 커질 것이다. 구체적인 목표와 계획 아래 저축하고 투자에 대해 공부하자. 기회를 준비하는 중에 기회를 보는 안목도 생기는 법이다.

목표

목표는 추상적이지 않고 구체적이어야 한다. 3천만 원이나 5천만 원처럼 중간 목표를 정하는 로드맵을 짜는 것도 좋다. 실은 처음 3천만 원이 가장 어렵다. 수입의 50%는 무조건 저축한다는 원칙을 세우고 지출을 통제하는 게 중요하다. 해외여행이나 자동차 구매처럼 목돈이 드는 일은 재테크 목표 달성을 핑계로 잠시 뒤로 미루자.

3천만 원까지 잘 쌓았다면 5천만 원 또한 1년 반 정도면 무난히 넘을 수 있을 것이다. 저축에서 투자로 넘어 가는 경계는, 직장인이라면 5천만 원을 기준으로 삼는 게 좋다.

5천만 원과 1억 원 사이에서는 투자를 병행해 최대한 빨리 1억에 도달해야 한다. 1억에 얼마나 빨리 도달하느냐에 따라 부자의 꿈은 그만큼 앞당겨질 것이다.

간접 투자 중에는 안정성이 높은 상품도 많으므로 저축의 단계에서 바로 실천해도 된다. 적금과 펀드 비중은 5:5도 좋고, 7:3도 좋다. 실제 수익보다는 투자 감각과 금융 지식을 익혀야 한다.

1억 원은 보통 직장인에게 가능한 밑천의 상징이자 부자로 가는 첫 번째 기착지와도 같다. 1억 원의 벽을 넘어서면 이때부터 본격적으로 돈이 돈을 부르는 모드에 돌입할 수 있게 된다. 최소한 10년의 정성을 쏟아 부어야 한다. 부자가 되는 길은 마라톤이나 행군처럼 장기전이다. 재테크와 자기 계발을 함께 하는 까닭은 부자 되는 시간을 최대한 줄이기 위해서다. 저축의 힘이 충분하게 쌓여 있지 않다면 직간접 투자는 절대로 힘을 발휘하지 못한다.

실행

종자돈을 없애는 것은 새끼를 낳는 어미를 죽이는 것과 같다.

고급 정보를 가진 금융권에 있는 사람들과 친분을 쌓는 것도 중요하다. 정보가 곧 돈이다.

투자의 3요소는 수익성, 환금성, 안정성이다. 초보자에게는 적립식 펀드가 좋다. 주식형 펀드는 고수익을 기대할 수 있는 반면 위험도도 그만큼 높다. 펀드의 수익성은 최종 환매시점에 결정된다. 수익률이 아무리 좋아도 환매를 해 돈이 들어 왔을 때 비로소 내 돈이 되는 것이다. 급한 경우에는 성과가 저조한 것 중 수수료가 적은 펀드부터 우선적으로 환매해야 한다.

주가가 잔뜩 올라 개인들의 눈에 띄게 보일 때면 이미 너무 비싼 경우가 많다. 반대로 떨어져서 어서 빠져 나오고 싶을 때는 무척 싼 경우일 수 있다. 초보 투자자는 대박을 노리면 안 되고, 여윳돈으로 하고, 멀리 보고 시장 거품에 편승하지 말아야 한다. 주가와 반대 방향으로 하는 게 같은 방향으로 투자하는 것보다 더 효과적일 수 있다.

분산투자는 주식, 채권, 부동산, 현금에 나누어 투자하고 단일 투자 대상 내에서 복수의 종목에 나누어 투자하고 펀드에 투자하는 경우 여러 개의 펀드에 나누어 투자하는 것이 좋다. 저출산과 베이비 붐 세대의 은퇴로 적어도 아파트만큼은 답이 아닐 가능성이 높다.

사람들은 언제나 합리적인 행위보다는 감정에 좌우된다. 그래서 자신이 믿고 싶은 것만 믿으려 한다. 시장에는 나름의 규칙과 징조가 있으므로 명확한 재테크를 위해선 올바른 금융지식과 공부밖에 다른 길은 없다.

끈기

실패한 사람의 95%는 도중에 포기한 사람들이다. 부자는 목표가 아닌 수단이다. 돈을 쓰는 것도 저축하는 것도 결국 습관일 뿐이다. 돈 관리는 테크닉이 아니라 의지와 원칙 만들기에 있다. 원칙을 단순화하여 지금 당장 실행하라. 돈을 꼬박 꼬박 넣어 놓으면 그 때부터는 시간이 알아서 돈을 불려 줄 것이다.

금융지능

최고의 부자들은 단순한 지식이나 테크닉을 가진 것이 아니라 엄청난 고난 속에서 '스스로' 돈 문제를 해결해 나가는 금융지능을 키워 왔다.

"돈은 무엇보다도 첫 번째로 모아야 된다. 그냥 모으면 되겠지 하면 모으기가 참 어렵다. 정말로 꼭 돈이 있었으면 얼마나 좋을까 하는 간절한 바람이 있어야 한다."『열두 살에 부자가 된 키라』 저자. 보도 섀퍼 / 옮긴이. 김준광 / 을파소, 2003

"나는 다른 사람의 권유로 투자한 적은 한 번도 없다. 단지 주가가 올라간다고 주식을 사는 것이야말로 어리석은 짓이다. 이 세상에서 가장 재미있는 게임인 투자는 사업과 똑같다. 나는 내가 직접 기업주라고 생각하고 투자한다. 그 기업과 경영자와 구입가격을 보고."『워렌 버핏의 주식 투자 콘서트』 저자. 워렌 버핏 / 옮긴이. 차예지 / 부크홀릭, 2010

"수입이 부족할 때에는 지불압력이 높아지도록 그냥 내버려 두고 저축한 돈이나 투자한 돈에 손대지 말라. 그런 압력을 이용해 천재성을 고취시켜 돈을 더 버는 새로운 방법을 찾아내고 그런 후에 청구서의 비용을 지불하라. 그렇게 하면 돈을 버는 능력과 함께 금융지능도 더 높아질 것이다."『부자 아빠 가난한 아빠』 저자. 로버트 기요사키 / 옮긴이. 형선호 / 황금가지, 2000

"리스크 관리의 본질은 결과를 통제할 수 있는 범위를 최대로 늘리고, 도무지 인과관계의 연결 고리를 찾을 수 없어 결과를 통제할 수 없는 범위는 최소로 줄이는 것이다. 앞날은 정말로 알 수 없다. 하지만 두려워하지 않아도 된다. 우리는 피할 수 없는 앞날에 묶인 게 아니라 불확실성 덕에 자유인이기도 하다. 우리는 세상을 바꿀 수 있다. 리스크는 신만이 움직이는 운명이 아니라 스스로서서 할 수 있는 우리의 선택이다."『신을 거역한 사람들』 저자. 피터 L 번스타인 / 옮긴이. 안진환 외 / 한국경제신문사, 1996

어떤 회장은 퇴근 시에 한 층씩 내려오면서 직원들이 잊고 간 전등불을 끄고, 직원들이 난방 중에 창문이라도 열어 놓고 있으면 불호령이 떨어진다. 돈 많은 분들이 잔돈까지 아끼는 건 몇 가지 이유가 있어서다.

먼저 다른 지출의 기준이 되기 때문이다. 한 번에 백만 원어치의 술값을 아무렇지도 않게 쓰게 되면 다른 돈을 쓸 데에도 '

까짓것 술 한 잔 값인데’ 하기가 쉽다는 것이다.

둘째로는 본인이 돈을 헤프게 쓰면 주위에도 그런 사람들이 모이게 되어 낭비에 무감각해진다는 것이다.

셋째로는 원가를 줄이는 것이 기업 경쟁력의 바탕이기 때문이다.

그런데 더욱 중요한 것은 적은 돈도 쌓이면 종자돈이 된다는 것이다. 봄에 피는 매화나 개나리, 목련들은 잎도 나기 전에 꽃부터 핀다. 씨앗부터 먼저 만드는 것이다. 사람도 종자돈부터 먼저 만들어야 한다.

키라, 워렌 버핏, 부자 아빠의 공통점은 어린 나이 때부터 재테크를 시작했다는 점이다. 그러나 일찍 모아야 된다는 것을 알더라도 간절함이 없으면 실행하기가 어렵다.

키라는 자기가 꼭 하고 싶은 세 가지 일(컴퓨터 사기, 방학 때 미국가기, 힘든 부모님에게 돈을 드리기)을 써서 벽에 붙여 놓고 돈을 모으는 일에 몰두하였다.

금융 지능은 곤경 속에서 본인이 직접 돈을 관리하여 돈의 속성을 철저히 알게 될 때 높아진다. 자기가 좋아하는 일에 돈을 먼저 써서 차압과 신용불량의 압력을 이용하여서라도 금융지능을 높이라는 뜻이다.

[경제활동 TEST]

1. 용기 있는 사람이란?

　가. 두려움이 없는 사람

　나. 두려움을 이겨 나가는 사람

2. 고객이 가장 듣기 싫어하는 말은?

　가. 죄송합니다. 회사 방침이지만 방법을 찾아보겠습니다.

　나. 제 일은 아니지만 담당자를 연결해 드리겠습니다.

　다. 회사의 방침입니다. 제 일이 아닙니다.

3. 돈을 벌기에 앞서 빚을 줄이는 데에 맞지 않는 것은?

　　가. 돈을 더 많이 쓰게 되는 신용카드를 없애기

　　나. 돈이 생기면 쓰기 전에 먼저 절반을 저축하기

　　다. 좋아하는 명품은 돈을 빌려서라도 단번에 사기

　　라. 돈을 빌리지 않도록 카드 할부금을 조금씩 갚기

4. 금융지능이란?

　　가. 차압과 신용불량이 두려우니 세금과 이자를 무조건 먼저
　　　　내기

　　나. 정말 하고 싶은 일은 급한 불을 끄느라 돈이 없어 미루기

　　다. 자녀들의 돈을 일일이 간섭하고 매일 조금씩 용돈을 주기

　　라. 돈에 시달리면서 뼈아프게 깨닫는, 스스로 벌고 불리는 지혜

5. 다음 중 앞에서 나온 내용과 같은 것은?

가. 수입금은 먼저 쓰고 남은 돈으로 모으면 된다.

나. 돈 관리는 의지와 원칙 만들기가 아니라 테크닉에 있다.

다. 돈 모으기의 첫째는 씨앗 돈을 불리고 간혹 손을 대는 것.

라. 돈은 꼭 있었으면 하고 간절한 바람이 있어야 모아진다.

6. 투자의 3가지 기본은 내재가치에 따른 가치투자, 합리적인 소
수의 생각을 따르는 소수게임, 이익보다는 발생할 수 있는 위험
을 중시하는 위험관리이므로 실제로는 많은 경험과 통찰력이
필요하지 않다. (O / X)

7. 저축을 실패한 사람들의 95%는 도중에 (   )한 사람들이다.

8. 인간관계가 좋아지는 요소는 친밀감, 신속성, 신뢰감, 완벽성,

   전문성, 희생정신, 요령있는 말씨와 (   )이다.

9. 위 8번을 동료, 가족, 친구 그리고 연인에게 실천하여 보자.

10. 연초에는 그 해에 모아야 할 종자돈의 목표를 정하여 보자.

남과 나누다

/

마음을 열다

/

고객에 맞추다

사람은 다른 사람과 함께 살아가는 사회적 동물이다. 살기가 힘들다는 뜻이지 인간의 사회가 짐승들이 우글거리는 정글이나, 약육강식의 사회와 같다는 것은 결코 아니다. 우리나라 사람들이 세계에서 가장 많이 일을 하고도 힘들게 사는 이유 중의 하나는 나부터 살고자 했던 식민지 시대를 경험했고, 전쟁의 상처가 아직 가시지 않은 분단국에 살고 있기 때문일지 모른다.

사람의 사회는 서로 일을 나누어 하고, 그 일로 나온 가치인 재화나 서비스를 다시 나누며 사는 곳이다. 내 물건이 소중하면 남의 물건도 소중하다. 팔았다고 끝이 아니다. 매일 부딪히는 흥정도 "내가 귀한 만큼 상대도 귀하다."는 진정한 관계가 전제되어야만 할 것이다. 주어야 할 남의 몫을 가로채는 것이 아니라, 남과 진정으로 나누는 것이 뛰어난 일꾼들의 행동방식이다. 남과 나누어야 할 것은 주로 뜻과 가치, 이렇게 두 가지다. 어떻게 하면 남과 뜻을 나누는 소통을 잘하고, 어떻게 하면 재화나 서비스를 다른 사람과 나누는 영업을 잘 할 수 있을까?

"상대의 말에 꼬리를 잡아 씹거나 몰아 세우지 마라. 당신이 상대를 믿을수록 상대 역시 당신의 믿음을 더욱 확신시켜 줄 것이다." 『허브 코헨 협상의 법칙』 저자. 허브 코헨 ／ 옮긴이. 강문희 ／ 청년정신, 2001

마음을 열다

나는 1999년에 금융회사에서 처음 생긴, VIP 고객만을 전담하는 PB^{Private Banker}들을 도와 주는 일을 했었다. 과제 중의 하나는 전국에 있는 80여 명의 PB들이 예금은 물론이고 대출, 외환, 자산관리, 비밀보장, 펀드, 보험, 주식, 법률, 세무, 부동산, 상속 등의 지식을 단기간에 쌓게 하는 것이었다. 매일 영업을 해야 하는 그들을 한 곳에 모아 놓고 공부하기란 쉽지 않았다. 궁리 끝에 다음과 같은 시도를 해보았다.

- 집합 교육을 한 두 차례 하기
- 인터넷으로 전문지식을 보내고, 업무 후에 자기 자리에서 인터넷에 올라온 시험 문제를 공개적으로 풀기
- 매월, 한 건 이상의 영업 성공 사례나 경쟁 회사의 벤치마킹^{benchmarking} 사례를 인터넷에 올려 평가 받기

그때까지 낯설었던 공개 시험 방식의 효과에 대해 강한 이의제기가 있었으나, 훔쳐보면서도 실력은 느는 법이라고 설득하며 계속 진행했다. 매일, 몇 건의 영업 사례 등이 인터넷 게시판 'PB메아리'에 올라왔다. 80여 명 전원이 싱싱한 영업 요령을 실시

간으로 쌓게 되었다. 각자의 현장 체험이 파장을 만들면서 공명 현상을 일으켰다. 3~4개월이 지나자 'PB메아리'를 통하여 영업 마인드, 전문지식, 영업 요령과 시장 정보에 대한 실력이 쌓여지자 PB 영업의 선두에 서게 되었다. 개방과 공유에 의한 집단 지능이 창발 되었던 셈이었다. 이러한 열린 게시판은 '중기업 2본부', '강서생각'의 시행착오를 거쳐 몇백 명의 지점장과 몇천 명의 직원들의 영업을 추진하고 기획하는 일을 하게 된 이후에 계속되었다.

톱^{top} 이하, 책임자 이상의 천여 명을 구성원으로 한 인터넷 네트워크 '하나의 힘'에는 각 점포의 애로 사항, 건의 사항, 개선 사항, 영업 정보, 시장 동향, CEO의 말씀, 회의 결과, 확인 사항 등이 실시간으로 올라 왔다. 한번은 직원들이 가장 출출할 오후 5시 정각에 도착하도록 전국 몇 백 곳의 영업점에 피자를 보냈더니 "잘 받았다. 그런데 콜라는 왜 안 보냈냐?" 등의 글이 동시에 올라와 마치 한 곳에서 축제를 하는 듯했다. 이러한 열린 경영이 당기 순이익을 많이 내는 데 일조를 하였으며 그 기록은 수년간 깨지지 않았다.

사람과 사람의 사이인 인간間이, 때와 때의 사이인 시간間과 곳과 곳의 사이인 공간間에서 한정되어 사는 것이 세상이다. 세상의 기본은 사이이다. 사이를 이어주는 관계, 연결^{Relationship}이 세상을 움직이는 핵심이다.

　하늘과 땅과 사람天地人이 하나가 되어야 하듯이, 회사나 사회도 모두 하나가 되어야 한다. 여럿이 모인 조직은 사이가 제대로 이어져 소통이 원활하게 되는 순간 놀랄 만한 힘이 나온다. 하나는 가장 작은 숫자이면서도 가장 큰 숫자이기도 하다.

『CEO 칭기스칸』

저자. 김종래 / 출판사. 삼성경제연구소 / 핵심동사. 열다 /

일의 분류. 소통

이미 800여 년 전에 알렉산더, 히틀러, 나폴레옹 이렇게 세 사람이 점령했던 땅보다 더 많은 다민족, 다종교 지역을 자유무역과 단일 지폐로 다스린 칭기스칸Chingiz Khan은 오늘날의 CEO들에게 어떠한 교훈을 주고 있는지 살펴보자.

사랑스런 CEO 용사들이여! 너희들이 지난 천 년 역사에서 가장 중요했던 인물로 우러르는 나, 테무친이 21세기의 경영전략을 말하겠노라!

성을 쌓는 자는 망하고 길을 닦는 자만이 승리할 것이다. 아침으로 딴 자리에서 군림하는 자들이 창궐하는 조직은 무너진다. 인류는 잠시 동안의 정착 문화를 접고 태초의 유목 생활로 돌아가고 있도다. 나, 테무친과 몽고제국은 이미 800여 년 전, 지금과 같이 글로벌화한 21세기를 살다 갔노라. 인터넷, 스마트폰, 소셜 네트워크 등 글로벌 시대의 생존 전략을 원 포인트 레슨으로 설명해 주마.

나의 법 1조, 간통한 자는 사형에 처한다. 사형! 팀 워크를 중시하라는 뜻이다. 간통이 동족 결속에 독약이므로 절대 금지했노라. 간통만이 아니다. 나의 법 대부분의 처벌은 사형 또는 처형이다.

사소하게 여길 수도 있는 것들에 대하여 목숨을 걸어라. 단호한 프로정신이 있어야 한다. 나의 심복은 우즈베키스탄 왕을 지구의 사분지 일인, 일만 ㎞나 떨어진 카스피 해의 섬까지 추격하여 온 유럽을 경악케 했다. 항복한 자는 살려 주고 반항하는 자는 철저히 대가를 치르게 했노라. 대충 살다 가거나 안 되면 말고가 아니다. 기필코 살아남아야겠다는 의지가 나를 더 독하게 만들었도다.

지금도 몽고에서는 영하 40℃의 혹독한 추운 날에 성인식을 치른다. 말을 타고 80㎞를 달리지. 열 살 사내 아이들의 몸은 그야말로 누더기가 되지만 눈빛만은 형형히 빛나게 된다. 절벽에 던져진 사자 새끼처럼 혹독하게 단련시켜라. 한 사람 한 사람이 총력전을 펼쳐야만 조직이 융성할 수 있다. 안락은 결국 처참한 죽음을 가져오게 될 것이다. 내 자손들이 비단 옷을 입고 벽돌집에 사는 날, 내 제국은 망할 것이다.

나의 용맹스런 CEO 용사들이여! 해가 뜨면 달려라. 달리고 또 달려라. 속도가 승리다. 스피드가 성공이다. 사람의 수는 늘릴 수 없을지 모르지만 속도는 높일 수 있다.

나는 백만 명으로 일억 명을 정복했노라. 속도가 열악한 환경을 극복하는 열쇠이니라. 불필요한 것은 모두 버려라. 속도는 기업 경영의 선택 요소가 아니라 필수적인 성공 비결이니라. 다른 기업이 성공하기를 기다리며 미루고 있지는 않느냐? 그렇다고 동족끼리 피 튀기지 말고 바깥세상으로 눈을 돌려라. 세상은 넓고 정복해야 할 건 무궁무진하니까.

한상 귀를 기울여라. 나는 내 이름도 쓸 줄 몰랐다. 하지만 귀가 나를 현명하게 이끌었다. 나는 적장의 아들을 임신한 아내와 그 아들조차 받아 들였다. 그들은 아무 죄도 없다. 자신이 짓지 않은 죄를 이유로 차별하지 마라. 나는 사람을 차별하는 게 아주 싫다. 칸이라 하지 말고 나의 이름대로 테무친이라 불러라.

마음을 활짝 열어라. 사적인 약탈은 처형이니라.

혼자 갖지 말고 똑같이 나누어라. 전리품도 나누고 꿈도 나누어라. 같이 꿈꾸어야 한다. 함께 비전을 공유하여야 하느니라.

나, 테무친이 한 마디로 말 하노니, 같이 꿈꾸어라!

길거리에서 신용카드를 뿌려댔다. 나라의 살림살이가 빠듯한데도 큰 강들을 단번에 다 고쳤다. 매 지도자가 정권을 잡을 때마다 어김없이 국가의 빚이 약 100조 원씩 늘어났고 그 빚은 어느 사이에 1,000조 원에 이르게 되었다.

그동안 다수의 사람들은 남의 일과 남의 돈을 존중하는 사회를 세우기 위해 애써왔다. 다만 소수의 사람들이 성장과 민주화를 빌미로 남의 일과 남의 돈을 함부로 여기는 성을 굳게 쌓아왔다. 진보나 보수의 대립보다 훨씬 더 심각한 것은 '남의 일과 남의 돈을 내 것처럼 존중하는' 분들과 '남의 일과 남의 돈을 경시하는' 사람들 간의 장벽이지 않을까 생각한다.

매년, 예산은 예산 마감 날 가까이가 되면 날치기로 통과되곤 한다. 예산 절감은 가공된 소란 속에 묻혀 버리고 만다. 극한 대치를 하는 여야가 뒤에서는 서로의 밥그릇은 건들지 않겠다는 암묵적 품위(?)를 지켜오지는 않았을까? 공공의 돈이나 일자리를 마치 자기 것인 양 나누어 주는 것은 이념과 같은 대립에 의하여 가려졌을 수도 있다. 아니면 이기주의에 빠진 정치 집단들이 적대적 이념이나 지역정서를 연기하여 왔을지도 모른다.

4~5년마다 선거로 전국이 뜨거워진다. 국부보다는 정부,

지자체, 국영기업, 연기금, 유사 공공단체 등 수백조 원을 만지는 자리가 탐나서 벌어지는 현상인 듯하다. 원인이 없는 결과란 없다. 많은 이들이 IMF 때보다 더 어렵다고 하는 까닭은 남의 돈으로 생색내는 선심 풍토가 만연하기 때문이라 생각한다.

돈을 버는 곳은 농업農, 공업工, 상업商의 시장과 관료, 정치, 법, 언론, 교육, 노조, 운동 등 사士의 비非 시장(시장과 비非 시장에서 반반씩 일했던 필자의 주관적 호칭임), 두 곳으로 나눌 수 있다. 전체 사회의 소득은 농업, 공업, 상업이 불확실한 미래에 도전하여 risk taking, 기술혁신을 하고innovation, 시장이 출렁거릴 때fluctuation of market에 나오며, 이를 사士가 거드는 형국이다.

그런데 아이러니하게도 우리 사회가 잘 된 것은 비 시장이 시장을 잘 지원했기 때문이고, 잘못된 것 역시 비 시장이 시장에 제대로 협조하지 못하였기 때문이다. 비 시장은 시장을 소통시키는 길도 되었지만, 이를 빌미로 시장보다 더 윤기 있는 자신들만의 성을 쌓아 왔다. 서른 살이 넘도록 비 시장의 시험을 준비하는 자녀들의 뒷바라지에 끙끙대는 부모는 참으로 많다. 유능한 인재들이 비 시장에 쏠려, 더욱 더 큰 집단이기주의의 성을 쌓음으로써 시장이 갈수록 무거운 짐을 지게 되는 것이 바로 '큰일'인 것이다.

그러므로 우리 사회의 가장 큰 과제는 시장과 비 시장의 통합이다. 그 해답이 바로 칭기스칸이 강조한 '같이 꿈꾸어라'이다. 모두가 바라는 '살기 좋은 사회'라는 하나의 꿈이 바로 사회 가치이다. 사회 가치가 뚜렷해야 하나의 힘이 솟는 활기찬 사회가 되는 것이다.

사회를 움직이는 두 축인 분업과 교환, 즉 일과 돈이 존중되는 사회만이 번창한다. 사회 수준이 높은지 낮은지를 구분하는 것은, 남이 나의 일과 돈을 존중하지 않아 나만 손해를 볼 것 같은 두려운 사회인지 아닌지에 대한 단 하나의 기준으로 결정된다.

일자리를 이념에 팔고, 인민이 노동한 가치를 당이 가로챘기 때문에 공산주의가 먼저 무너지지 않았나 생각해 본다. 사회주의는 물론 그 이상의 어떤 것이라 하더라도 사회 가치가 불분명하면 공염불이 되고 만다. 건설이니, 복지니, 아무리 장미빛 약속을 하고 신 자유니 뭐니 하는 아무리 현란한 이론을 들먹이더라도 공공의 일자리를 나누어 갖거나 공공의 돈을 경시하는 일들에 무감각한 사회는 무너지게 된다. 설마가 아니다.

내 자식이 귀한 것처럼 남의 자식도 귀하므로 보석 같은 내 아들도 군대에 보내야 하고, 내 돈과 똑같이 남의 돈도 소중하므로 세금을 내야 하고, 남의 돈을 맡았으면 피와 같은 내 돈처럼 아껴야 하는 것이 바로 사회 가치다.

성城보다는 길, 자리보다는 일이 중요하다. 일과 돈이 함께 해야 살기 좋은 사회이다. 모든 사람들이 남의 돈과 남의 일도 내 것처럼 소중하게 여기게 됨으로써 국민들의 과중한 짐을 더는 것이 바로 소통의 최우선 과제이다. 그 동안 우리가 맹신해 왔던 '악화가 양화를 구축한다'는 그레샴Thomas Gresham의 법칙은 불변의 이치가 아니다. 이 성악설이 사회 가치의 성선설로 교체된다면 성장과 민주화를 이룬 우리나라에서 또 다시 기회의 문이 열릴 것이다. 사회 가치는 그동안에 집중했던 성장과 민주 가치를 보완하는 대안이며, 민주와 성장의 가치를 사회 가치의 디딤돌로 삼아야 한다. 시장과 비 시장이 남의 일과 남의 돈을 내 것처럼 여기는 사회 가치 아래 통합될 때에 비로소 새 사회가 열리게 될 것이다.

예산을 모두 지출해야만 다음 해에 또 배정이 되기 때문에 연말이 되면 멀쩡한 보도블록을 파헤치곤 한다. 매년 반복되는 낭비예산이지만 고쳐지지 않는다. 많은 선출직들이 처음에는 사회 가치에 열심히 하다가도 오래 하다 보면 그 나물에 그 밥이라고 한다. 남의 돈과 남의 일을 쉽게 여기는 사람들이 넘치는 이곳에서, 사회를 먹여 살리는 다수가 더 이상 오도 가도 못해서는 안 된다.

과연 방법이 없을까? 사회가치라는 것이 말처럼 쉽지 않을 뿐더러 우리에게는 그것을 이룰 만한 힘도 없다고 할 것이다.

"너희가 힘이 없다는 것은 말도 안 되는 소리다. 너희에겐 이 세상의 굶주림을 고칠 수 있는 능력이 있다. 다만 너희 정부들이 세상의 굶주림을 끝내고 싶지 않을 뿐이다. 못 믿겠지?" 『신과 나눈 이야기』 저자. 닐 도날드 월시 / 옮긴이. 조경숙 / 아름드리미디어, 2003

쓰레기를 치우는 3가지 요령이 있다. 아예 생기지 않도록 하거나, 볼 때마다 치우거나, 함께 치우는 것이다. 어려운 일이 아니다. 일자리를 팔아먹는 양심 없는 짓은 아예 꿈도 못 꾸게 하거나, 그런 사람이 나올 때마다 치우거나, 국민 모두가 하나가 된다면 그런 일은 생기지조차 않을 것이다.

탈세는 엄중하게 처벌해야한다. 철저하게 막아야 한다는 것이다. 또한 그렇게 소중하게 모은 세금 역시 허투루 쓰는 것도 막아야 한다.

일을 잘 하는 요령에는 그릇된 일에 책임을 묻는 소극적 방식과 잘하는 일에 인센티브를 주는 적극적 방식이 있다.

감사와 문책의 방식이 쉬워 보이지만 책임을 강조하면 책임회피에 골몰하게 되고, 감사를 강화하면 감사권력과의 불투명한 소통에 몰입하는 법이다. 비 시장의 토박이들은 수십 년 동안 반복되는 그 사이클에 이골이 나 있다. 소나기는 잠시 피하면 된다고만 생각한다. 소극적 방식만으로는 한계가 있다는 뜻이다.

이열치열, 돈에는 돈이다. 감사도 있어야지만 예산 절감에 대한 인센티브 제도가 좋은 해결 방법이 될 수 있다. 돈이 걸려있는데 뭘 못하겠는가? 예산을 줄이는 공무원에게 포상금을 지급해 보자. 공무원 한 명이 천만 원씩만 줄여도 10조 원이다. 꼭 공무원만 절약하라는 법도 없다.

직거래와 프로슈머가 늘고 있다. 매일 원가 감축을 하는 이들이 시장의 좋은 일꾼들이라 할 수 있다. 최종적으로 공공의 빚을 갚아야 할 기업과 국민들이 예산 절감에 나서 대가를 받는 방법이 더 확실할 수도 있겠다.

복지를 위해서 돈을 더 거두자고도 한다. 그러나 일을 제대로 하여 만든 돈으로 복지를 해야 한다. 직접 생산 활동을 하여 근본적으로 돈을 만든다고 볼 수 있는 국민과 기업들이 직접 번 돈으로 어려운 어르신에게 직접 용돈을 드리고 제도상으로 약간의 인센티브를 줄 수도 있을 것이다. 자기가 번 돈으로 드린다고 하면 아무런 문제가 없을 것이다. 어르신들은 당연히 용돈을 주는 기업이 잘 되기를 바랄 것이며 기업들은 더욱 열정적으로 돈을 많이 벌게 될 것이다. 돈을 직접 벌지 않는 비 시장이 남의 돈으로 복지니 뭐니 하면서 사회의 힘을 소모하는 것은 이치에 맞지 않을 것이다.

남의 일과 돈을 존중하는 사회 가치를 확고하게 이룩할 때이다.

이제부터는 사회의 각 구성원들이 만들어 낸 재화와 서비스를 나누는 영업에 대하여 알아보도록 하자.

고객에 맞추다

<u>고객 속으로!</u>

골프 공이 물속으로 빠져 버렸다. 대한의 딸이 처음으로 세계 1등을 눈앞에 두고 있는 순간, TV를 보는 모든 국민들은 가슴을 졸이게 되었다. 그러나 그녀는 고개를 떨어뜨리지 않았다. 골프채를 던지지도 않았고, 포기해 벌점을 받지도 않았다. 그녀는 침착하게 팔을 걷고, 신발도 벗고, 양말도 벗고, 오로지 물 속에 반쯤 잠긴 공만 뚫어지게 쳐다보았다. 그런 상황에 대한 연습도 거의 없었을텐데 골프채로 공을 부드럽게 맞추었다. 필드 위로 나온 공은 우승을 가져왔고, IMF의 어려운 시기를 벗어나게 하는 한 줄기 희망의 빛이 되어 주었다.

영업을 하다 보면 골프공이 물에 빠지는 것 같은 어려운 상황이 수도 없이 일어난다. 영업을 잘하는 사람들은 그런 상황이 되면 어떻게 극복할까 살펴보면 일단, 창피해도 고개를 떨어뜨리지 않는다. 화가 난다고 팽개치지도 않고, 별 수 없다고 포기하지도 않는다. 그렇다고 고객이 알아서 나에게 맞춰줬으면 하는 헛물도 켜지 않는다. 고객은 나에게 전혀 관심이 없다. 어떻게 해도 움직이지 않는 공과 같다. 물 속에 있든지, 모래밭에 있든지 그저 고객에게 맞추어 줄 뿐이다. 영업의 정도는 오로지 고객의 눈높이에 맞추는 것이다.

1991년, 나는 이제 갓 출발한 시중 은행에 합류하였다. 그때까지 20여 년 동안 다녔던 통화당국과 은행 감독당국과는 전혀 다른 시장이라는 새로운 세계에 들어와 고객을 맞이해야만 했다.

처음에는 봉천동에서 일했는데 하루 종일 5~60곳을 돌아다니기도 하였다. 그러면서 시장 상인들에게는 잔돈을 바꿔 주었다. 그때까지 없던 일이라 신기해 했던지 새 은행에 대한 홍보가 되기 시작했다. 본점에서는 요구르트 아줌마들이 끄는, 수레와 비슷한 뱅크 카트를 만들어 주었다.

이후, 무선 인터넷을 설치하여 재해지역을 찾아가 입·출금 정도가 되는, '움직이는 은행'이라는 자동차로까지 발전하게 되었다. 종일 환자에 매어 있는 의사들을 주로 공략하였고, 최초의 직업 상품인 '닥터 클럽'이 나오게 되었다.

토지 보상지역에서는 고객들이 지니고 있는 토지 채권을 현금화하는 편의를 제공하였고, 도심지역에서는 대출과 해외 송금시의 환율 정보를 잘 알려주며 외국 기업을 공략하였다. 지방 도시에서는 퇴직자들에게 재취업 방법, 건강 지키기, 자영업 요령, 퇴직금을 노리는 자들로부터의 방어법 등을 제공하고, 아예 퇴직 동우회 사무실을 마련해 주기도 했다. 부촌에서는 기존 은행의 골프클럽과는 달리 대출 고객은 빼고 일정금액 이상의 예금 고객만을 자격으로 하는 클럽을 마련하였다. 그리고 벤처열풍이 한창이었던 강남 점포에서는 코스닥 스쿨을 만들기도 하였다.

이 모든 것은 오로지 고객에게 초점을 맞추는 '고객 속으로!'라는 캐치프레이즈를 중심으로 이루어졌다.

『한국의 세일즈 명인』

저자. 김진형 외 / 출판사. 거름 출판 / 핵심동사. 맞추다 / 일의 분류. 영업

영업은 아쉬운 소리를 하며 제품을 팔아야 하는 경우가 많다. 그러다보니 창피하고 부끄러운 일일 수 있다. 하지만 영업을 잘 하는 사람은 남들과 다르다. 사고 방식도, 영업 방식도, 근무 태도도 다르다. 어렵다고 생각하는 지금이 바로 영업하기 가장 좋은 타이밍이라고 말한다. 콜럼버스[Christopher Columbus]의 달걀처럼 생각을 깬 사람들의 한결같은 말이다.

백옥생 화장품 판매 여왕

신혼시절, 남편이 정신착란 증세로 회사에서 해고되었다. 돈이 없었다. 손수레를 끌며 플라스틱 대야를 팔았다. 채소, 과일 장사를 기쳐 연탄장사도 하였다. 우유를 배달하기 위해 새벽 4시에 일어나서 5층 건물 꼭대기를 하루에도 수십 번씩 오르내렸다. 돈을 벌어야겠다는 생각만 있었다. 오로지 우리 아이들과 함께 지하실 방에서 벗어나고 싶었을 뿐이었다.

그러다 화장품 방문판매 사원이 되었다. 화장품 방문판매 사원이 되어 하루 30여 명의 고객을 만났다. 자

전거 페달을 밟고 또 밟았다. 개한테 물리기도 했고, 도둑으로 몰려도 봤으며, 고객이 문을 세게 닫아 머리를 다치기도 했다.

하지만 난, 나 자신을 버렸다. 나를 버려버렸으니 창피할 일도 없었다. 자신을 버리자 자신도 몰라 볼 정도로 엄청난 사람이 되었다. 유능한 세일즈맨은 만들어 지는 것이다. 방문판매 사원은 고객과 자매보다 더 친해져야 한다. 집을 날린 고객은 집에 데려와 재워 주기도 했다. 고객은 내 물건을 사주는 사람들만이 아니다. 힘들고 어려운 인생살이를 함께 나누고 힘을 주는 사람들이다.

경험을 통해 쌓은 판매 노하우를 좀 더 체계화시키고자 교수님에게 5년 동안 개인지도도 받았다. 피부생리학 같은 전문 강의를 들으며 계속 공부하였다. 상대가 아무리 거부하더라도 화장품은 7번, 보험은 15번 정도 얼굴을 대하면 판매가 된다고 한다. 방문판매 사원의 성패는 100%, 판매원의 마인드에 달려 있다.

고객의 상황을 충분히 이해하여 상대방의 입장에서 시작했다. 고객이 좋아하는 정보나 서비스를 드리는 등 세심하게 배려하였다. 모든 판매 사원에게 모든 제품의 기능을 완전히 외우도록 하고 주 고객인 어머니 세대부터 지식쇼핑에 익숙한 딸 세대까지 두루 설득할 수 있는 세일즈 커뮤니케이션 교육에 집중하였다.

지사 중 처음으로 피부 관리실을 열었다. 제품을 사는 고객들에게 마사지를 무료로 해 주기도 했다. 유명한 피부 관리실을 직접 찾아가 마사지를 받아 보거나, 기술도 배웠다. 돈을 펑펑 쓰는 것만이 낭비가 아니라 돈을 안 버는 것 자체가 낭비라고 생각했다. 지금은 억대의 연봉을 받고 있다.

LG 전자 세일즈 여왕

처음 영업을 시작했을 땐 초인종도 누르지 못했다. 저음으로 시동생에게 가스레인지를 팔았는데 동서가 반품했다. 오기가 났다. 꼬박 일주일을 문전박대 당하며 이 집 저 집을 다닌 끝에 그 물건을 팔았다. 그리고 나니 처음 가는 집의 초인종을 누를 수 있는 자신감도 생겼다.

새로 입주하는 아파트를 집중 공략하였다. 날마다 아침부터 밤 11시까지 돌아 다녔지만 사주는 사람이 없어 그만 두게 되었다. 그런데 얼마 지나지 않아 항상 오던 사람이 왜 오지 않느냐는 전화가 오기 시작했다. 그 이후, 충분히 대화를 나누고 고객에게 이 사람은 관리를 확실히 해주겠다는 신뢰가 쌓이자 대형 할인점보다 값은 비쌌지만 물건이 팔리기 시작했다. 제품을 써보고 좋다고 느낀 고객들의 입소문으로 '새끼치기'가 계속 되었다. 한 번에 여러 대를 팔기 위해 신축 중인 빌라와 오피스텔을 집중 공략했다. 남들이 하지 않은 방법을 찾은 셈이다. 11년 동안 판매왕을 10번이나 하고 8천명의 고객을 관리하고 있다.

나는 고객이 산 물건과 구매 시기, 인적사항 등을 모두 적어 둔다. 자녀가 결혼하거나 졸업할 때가 되면 꼭 전화를 걸고, 고객의 결혼식에는 반드시 찾아간다. 원래는 아니었지만 영업을 시작한 뒤로는 아무리 작은 것을 사 간 사람이라도 반드시 기억한다.

나의 명함에는 서비스센터의 전화번호가 없다. 고장이 나면 나에게 바로 전화할 수 있도록 하기 위해서다. 어디가 고장이 잘 나는지를 알아야 다음에 팔 때 도움이 되기 때문이다. 수리가 끝나서 제대로 작동하는지 확인하는 것은 기본 중의 기본이다.

연봉의 60%는 고객에게 썼다. 어려울 때일수록

고객에게 더 투자했다. 고객들이 우겨도 절대로 이기려고 하지 않았다. 고객의 기분을 상하게 하면 결과는 불을 보듯 뻔하기 때문이다. 경품에 가장 많이 등장하는 상품을 주력으로 팔았고, 히트하는 상품 목록만 따로 정리해서 고객들에게 드렸다.

영업은 시대의 흐름을 타야한다. 나는 영업할 관상이 아니다라는 말을 수없이 들어 왔다. 말솜씨도 부족하고 말주변도 없었다. 그러나 모두 어렵다고 할 때가 바로 기회라는 나만의 신조가 내 성공을 이끌었다고 생각한다.

대우자동차(대형 및 덤프트럭)판매 아줌마

아이 둘의 평범한 주부가 금녀의 영역인 대형트럭과 덤프트럭을 팔겠다고 나섰다. "여자가 트럭을 팔아?" 처음 만난 고객들의 반응이었다. 고객들이 있는 서울 외곽지역을 돌다보니 제 시간에 집에 들어 올 수가 없었다. 남편과 시부모님의 완강한 반대가 있었다. 하지만 그만두면 살림 말고는 아무것도 할 수 없겠다는 생각이 들었다. 오로지 열심히 해서 여자가 생각보다 잘 한다는 인정을 받고 싶을 뿐이었다. 현장 방문에 지치다 보니 일주일에 한 번은 반드시 종일 사무실에서 전화를 걸었다.

입사 3개월 만에 처음으로 13톤짜리 카고^{cargo} 트럭을 팔았다. 첫 차를 산 고객이 다음 고객을 소개시켜 주는 판매 릴레이가 계속 되었다. 항상 최선을 다하자 다시 차를 살 때가 되면 고객들이 거의 다시 찾아왔다. 그러나 아무리 많이 팔 수 있다고 하더라도 저녁 술자리는 갖지 않았다. 또한 교통 법규를 위반하거나 과속하지도 않았다. 내실 있는 생활이 나의 목표였다. 무리해서 파는 직원들도 보았지만 나는 부실한 고객과의 거래를 삼갔다. 결국 많은 우량 고객들 덕분에 IMF의 위기를 무사히 잘 넘길 수 있었다.

나는 차를 더 많이 팔고자 하는 마음보다는 고객을 가족처럼 생각하는 마음이 더 컸다. 지금도 고객들이 안전 운전을 해달라고 매일 기도한다.

일주일에 50여 명의 고객과 전화로 차에 대한 애로사항과 상담을 한다. 수시로 바뀌는 교통법규나 주요 고속도로 상황 등을 수시로 알려 준다. 물량이 부족할 때는 미리 귀띔도 하고 문자 메시지도 자주 보냈다. 한 번 고객은 영원한 고객이다. 밤낮으로 핸드폰을 켜 놓고 비

상 대기한다. 고객의 차가 사고가 나면 직접 부품을 사
가지고라도 달려가 수리가 끝날 때까지 챙겼다. 10년 이
상 이 일을 해왔지만 항상 고객들에게서 기술과 정보를
배워 영업에 활용한다. 겸손한 사람에게는 적이 없다는
생각에 고객들과 말할 때에는 겸손을 가장 중요시했다.

눈높이 학습지 여왕

밤 11시 넘게까지 자율학습을 마치고 오는 중·
고등학교 아이들을 봐주었다. 어떤 때는 학교 앞에서 기
다리다가 승용차 안에서 공부를 지도해 준 적도 있었다.
반드시 교육시간을 지켰다. 한 번 체크하는 것을 건너뛰
면 아이들이 게을러져서 진도를 맞출 수 없기 때문이다.

나는 남들처럼 학습지 교사 일을 아르바이트 정도
로 대충 하지 않았다. 학생들의 기초를 튼튼하게 해 실력
을 키워 주는 전문적인 직업이라는 믿음으로 모든 열정
을 바쳤다. 학부모들에게는 아이의 공부수준에 대해 제
대로 얘기해 주었다. 내가 하는 일에 대한 확신이 있다보
니 자신감 있는 교육 상담까지 이어졌다. 아이들을 잘 가
르친다는 입소문이 나기 시작하였고, 학습지를 하는 아

이들의 어머니가 다른 학습지를 하고 있던 주변의 어머니들을 모시고 왔다. 결국 마음가짐의 차이가 실적의 차이로 나타난 것이다. 이러한 열정과 노력이 지역본부 내에서 꼴등이던 우리팀을 1등으로 탈바꿈시킨 비결이다.

LG 홈쇼핑의 명인

한국의 주부만큼 TV에 나오는 내용을 믿는 나라도 없을 것이다. 미국 어학연수 때 홈쇼핑 TV를 즐겨 보다가 저걸 하면 유망하겠다는 생각이 들었다. 그래서 귀국한 뒤 한국 최초의 쇼핑호스트shopping host가 되었다. 그런데 카메라 앞에만 서면 왜 그렇게 창피하던지 3개월 내내 그만 두어야겠다는 생각만 했다. 그러나 쇼핑호스트로서 일을 계속 해야 했고 2~3년간은 별다른 주목을 받지 못하였다. 그러다 언젠가부터 홈쇼핑 시장이 급격하게 성장하기 시작했다. 2002년, 에어컨을 한 대 사면 추가로 한 대를 더 주는 프로모션을 할 때 두 시간의 방송에서 100억 원의 매출을 올리는, 전무후무한 기록도 세웠다.

비결이 있다면 망설이고 있는 주부들에게 '어떤 부분이 좋다', '꼭 필요하다'고 단호하게 이야기 하는 것이었다. 걱정하지 말고 한 번 써보라며 환불제도를 강력하게 말했다. 다른 홈쇼핑을 잘 관찰하고, 할인점의 가격을 체크하고, 인터넷 가격비교 사이트를 검색하고, 심지어 재래시장 아주머니가 하는 수다의 감각까지 가다듬기 위하여 끊임없이 발로 뛰어 다녔다.

보험판매의 중요성을 미리 감지하고 생명보험 상품 판매자격증을 따 두었다. 보험을 팔기 위하여 직접 가입도 하고 해약도 하며 비교해 보았다.

나는 화려한 말솜씨와 진솔한 감정 표현, 뛰어난 완급조절로 단 몇 초 동안에 주부 시청자의 마음을 사로잡는 마력을 갖기 위해 지금도 꾸준한 독서로 상식을 쌓고 있다.

AIG 생명, 10억대 연봉의 1급 장애인

나는 만성신부전증의 고통으로 자살까지 하려고 했다. 그러나 이제 막 돌이 지난 아기를 안고서 울고 있는 아내를 두고 혼자 죽을 수는 없었다. 신장이식 수술을 받고 퇴원하고 나자 빈털터리가 되었다.

그러다 마산 어시장 근처에 IMF로 실직한 사람들

과 함께 AIG 마산지점을 조직했다. 정말 미친 듯이 일했
다. 전 직원이 아침 7시 30분이면 어김없이 출근했다. 자
기 관리를 할 수 없는 사람은 결코 다른 사람도 관리할 수
없다고 생각했다. 조직이 작을 때는 한 사람 한 사람의 사
이가 빈틈없이 맺어지는 것이 매우 중요하다.

거절하는 고객은 두려워 할 대상이 아니다. 제일
두려운 것은 자신감이 없는 자신일 뿐이다. 거절은 한편
으로는 좀 더 나은 세일즈맨으로 단련시키는 훈련일 수
있다는 생각을 했다.

한 번은 나를 통해 보험을 가입한 고객이 사고가
나서 2억 원을 보상받았다. 보상을 해주고도 눈물이 났
다. 조금만 더 설득했더라도 4억 원을 받을 수 있었을텐
데 하는 안타까운 마음이 들었기 때문이다. 그 사건 이후
고객이 최대의 혜택을 받을 수 있게 해야 한다는 일념으
로 설득하고 또 설득했다.

신장이식 수술을 받은 나지만, 보통 사람의 몇 배
의 일을 하고도 아직 멀쩡하다. 열정 때문이다. 가끔 이만
하면 됐다는 생각이 들 때마다 나 자신을 채찍질 했다. 열
정을 잃지 않는 것이 바로 성공의 길이다.

매일, 구글에서 가장 많이 검색되는 단어는 '신神'이나 '경쟁'이 아닌, 돈을 버는 '시장'이라고 한다. 시장은 국가와 같은 또는 그 이상으로 중요한 삶의 공간이 되고 있어 하나로 통합되고 있는 시장을 지배하는 것이 21세기 최대의 화두 중 하나다.

한국, 중국, 일본, 대만에서 생산하는 자동차, 조선, 철강, 시멘트, 전자제품, 반도체가 전 세계 생산량의 80%를 차지한다고 한다. 우리나라의 서해는 삼면이 세계 제일의 공장 지대로 둘러싸인, 끓는 바다인 셈이다.

시멘트 운반선을 타고 상하이에서 200여 km를 거슬러 올라가면서 보니 장강揚子江은 거의 배로 뒤덮여 있었다. 매년 한국의 2/3에 해당하는 규모의 시장이 옆 나라, 중국에서 자라나고 있다. 앞으로 백년은 동아시아의 시대라고 한다. ㄱ 수용돌이 속에 있는 한국인들에게 새로운 기회의 문이 활짝 열리기를 진심으로 바란다.

『블루오션 전략』

저자. 김위찬, 르네 마보안 ／ 출판사. 교보문고 ／ 옮긴이. 강혜구

신시장을 향한 전략적 접근

프랑스 인시아드^{insead} 경영대학원의 김위찬 석좌교수는 최근 100년간의 자료와 수많은 논문을 간추린, 실용 교과서인 이 책을 르네 마보안^{Renee Mauborgne}과 함께 15년 동안 썼다.

판매가격을 내리면 고객확보에서는 이길 수 있지만 결국 손해가 커져 기업은 무너지고 만다. 싸움만 하지 말고 머리를 깨워보자. 널려있는 새 시장을 먼저 차지하는 사람이 임자다. 새로운 시장을 공략하는 전략은 피 튀기는 싸움이 아니라 상품의 쓸모를 경쟁자에 비하여 절대적으로 뛰어나게 하는 것과 상품의 제조원가를 크게 줄이는 데에 있다.

신 시장에서 우위를 차지하려면 장터의 울타리를 다시 치고, 숫자보다는 큰 그림을 그리고, 비非 고객을 찾고, 순차적으로 명확한 전략을 짜야 할 것이다.

『Fast Second』

저자. 콘스탄티노스 마르키데스 ／ 출판사. 리더스북 ／ 옮긴이. 김재문

대중 시장의 지배

사실은, 새로운 시장에 처음으로 들어가서 살아남은 기업은 거의 없었다. 문제는 그 푸른 바다를 차지하는 방법이다. 지배적 디자인을 만든 회사만이 살고 나머지는 모두 죽는다. 컴퓨터 운

영체제 시장에서 윈도우를 지배적 디자인으로 하기 위하여 마이
크로소프트사는 어마어마한 투자를 했다.

재빠른 2등 전략의 핵심은 타이밍이다. 적당한 성능의 저
가 제품으로, 바람 잡기로 시장점유율을 빠르게 높이고, 고객이 느
끼는 위험을 줄여 주어 신뢰를 확립해야 한다. 그리고 신속하게 대
응할 수 있는 유통망을 구축하고, 보완재 성장을 촉진하는 것이 시
장을 통합하는 마켓 리더들의 5대 전략이다.

1. 칭기스칸의 전략이 아닌 것은?

    가. 팀워크

    나. 의지

    다. 열린 마음

    라. 선천적 태생

2. 판매왕이 일반 세일즈맨과 다른 세 가지가 아닌 것은?

    가. 자세

    나. 마인드

    다. 행동

    라. 외모

3. 골프여왕 박세리는 시합 중 공이 물에 빠졌을 때 어떻게 하였을까?

    가. 좌절감으로 고개를 숙였다.

    나. 홧김에 골프채를 던졌다.

    다. 포기하지 않고 물속에 들어갔다.

    라. 경기를 중단했다.

4. 다음 중 이 책에서 나온 교훈과 맞지 않은 것은?

가. 보험 세일즈맨이 제일 두려운 것은 자신감 없는 자신일뿐.

나. 자신이 짓지 않은 죄를 이유로 차별하지 마라!

다. 자신을 버리자 자신도 몰라 볼 정도로 엄청난 사람이 되었다.

라. 돈을 안 버는 것 자체는 낭비가 아니다.

5. 다음 중 시장 통합의 마켓 리더들의 5대 전략이 아닌 것은?

가. 적당한 성능의 저가 제품을 낸다.

나. 보완재의 성장을 촉진시킨다.

다. 바람 잡기로 시장 점유율을 빠르게 높인다.

라. 새 시장을 먼저 차지하는 사람이 임자이다.

6. 완전경쟁 시장에서의 일반적인 이익의 요인이 아닌 것은?

가. risk taking

나. innovation

다. fluctuation of market

라. four great rivers

7. 숱한 어려움 속에서도 한국이 발전한 이유는?

    가. 유전무죄를 만들어낸 일부 관료, 정치, 법조의 땀으로

    나. 이념 등을 앞세워 집단이기에 매진한 일부 언론, 교육, 노조,

        운동 등의 열정으로

    다. 위법을 무릅쓰고 곳곳에 낀 지도자 측근들의 용기로

    라. 사회가치를 세우려고 자신을 엄격하게 절제한 대부분의 비

        시장인들과 국민들의 부지런함으로

8. 감명 깊게 읽었던 책 8권들을 한마디의 동작으로 줄여 보자.

9. 자신의 최대의 적, 한 명의 이름을 적고, 그 원인이 감정에 있는

    지, 서로 다른 생각에 있는지를 구분하고, 그에게 먼저 다가가

    마음을 열 수 있는지를 생각해 보자.

10. 칭기스칸이 마음을 활짝 열라고 하면서도 소통의 일반적인 수
    단인 술은 한 잔도 마시지 말라고 했다. 다음 술에 관한 다른 생
    각들을 비슷한 항목끼리 둘로 나눈다면?

가. 밥은 바빠 못 먹겠으나 술은 술술 잘 넘어간다.

나. 사람의 몸은 술을 마시라고 만든 게 아니다.

다. 술은 고단한 이들에게 힐링도 주고 소통의 유익한 수단이다.

라. 아무리 많이 팔 수 있다 하더라도 저녁 술자리는 안했다.

마. 영웅호걸은 주색을 좋아한다.

바. 나는 어떤 취약점도 없는 사람을 회사의 임원으로 뽑는다.
    사람들의 큰 취약점은 술과 돈 빌리기를 좋아하는 것이다.

사. 서로 다른 출신의 직원들을 빨리 소통하게 하는 데에는 술
    만 한 게 없다 하여 합병 때마다 술 모임이 있었다.

아. 위대한 경영자는 자기 절제를 엄격하게 하고, 화려한 파티
    를 안 하고도 목적에 열광시키고 결집시킨다. 기준에 어긋
    나면 안 되고 특히 임원들은 가혹한 절제가 있어야 한다.

3 / 4

세
상
을

만
들
다

/

쓸모 있게 바꾸다

/

냉혹하게 짓다

　1980년대만 해도 기업에서 사람들이 대접을 받았었다. 이제는 기업들이 자리를 잡았고 시스템과 기술이 성숙하여 기존의 일자리에 들어가기도 힘들지만 들어가더라도 만만치가 않다.

　기업에서 나온 뒤에 가끔 실리콘밸리에 가서 IT기술의 흐름을 읽어 내는 분이 있었다. 그는 대학원생들 몇 명을 팀으로 짜서 앞으로 쓸모가 있을 기술을 연구하게 하고 몇 년 뒤에 완성된 새 기술을 IT 기업에 팔면서 그 학생들까지 함께 취업 할 수 있도록 했다. 학생들의 입장에서 보면 일자리에 맞추어 공부를 하는 것이 아니라 일을 만들어 일자리를 마련하는 셈이었다. 이제는 기업은 물론이고 기업의 구성원들도 자신의 일을 만들어 내는 흐름이 늘게 될 것이다.

　환경에 잘 적응하는 종만이 살아남는다는 진화론이 흔들리고 있다. 사실 인류는 환경에 적응해 오는 한편으로 끊임없이 새로운 세상을 만들어 왔다. 이제는 문명이 발전하여 인간의 능력이 폭발하고 있는 듯하다. 세상을 따라가는 것만으로는 어렵다. 한 때는 미국이나 일본과 같은 선진국을 따라 가다보니 그들보다 더 좋은 것을 만들어야겠다는 생각 자체가 약하긴 했다. 일의 개념이 평생 직장에서 평생 직업으로 바뀐 이제는 일을 만드는 능력이 중요하다. 뛰어난 일꾼들은 세상을 따라가기보다는 세상을 만들고 이끌어 간다. 세상과 하는 일의 행동방식은 '만들다'이다. 사람은 궁극적으로 창조적 동물이기 때문이다.

"나는 퍽이 있는 곳이 아니라 퍽이 가는 곳으로 달려간다."
웨인 그레츠키 Wayne Gretzky

변화, 혁신, 개혁, 창조는 모두 '현재 보이는 세상에 맞추는 것이 아니라 앞으로 있어야 할 세상을 만든다.'는 뜻이다. 세상을 새로 만들기 위해서는 이건희 회장의 말처럼 세계 1등의 가치를 생산해야 하고, 그런 가치를 만들고야 말겠다는 정도로 그 일에 미쳐야 할 것이다.

"자신이 세상을 바꿀 수 있다고 믿을 만큼 충분히 미친 놈만이 결국 세상을 바꾼다." 『스티브 잡스 무한 혁신의 비밀』 저자. 카민 갤로 / 옮긴이. 박세연 / 비즈니스북스, 2010

"나는 지배하지 않는다. 그저 창조하고 또 창조한다. 내 기쁨은 창조에 있지 결과에 있지 않다. 기대는 너희들이 겪는 불행의 가장 큰 씨앗이다. 극기는 특정한 결과를 기대하지 않겠다는 결

정이다.”『신과 나눈 이야기』 저자. 닐 도날드 월시 ／ 옮긴이. 조경숙 ／ 아름드

리미디어, 2003

　　세상을 만드는 일은 이미 있었던 사물들을 더욱 더 쓸모

있는 가치로 바꾸는 일과 여러 사람들을 움직여 궁극적인 가치를

냉혹하게 지어내는 둘로 나눌 수 있다. 어떻게 하면 창조와 경영

을 뛰어나게 할 수 있을까?

쓸모 있게 바꾸다

혁신, 고독 그리고 용기

우리 세대는 전쟁이 지나간 폐허에서 태어나 힘들었지만 한편으로는 새로운 것을 만드는 일을 흥미롭게 해온 셈이었다.

1972년, 10월 유신이 되면서 지도자가 물가를 3% 이내에서 억제할 것을 강력하게 내걸자마자 1973년, 4차 중동전쟁으로 인해 석유 등 해외 원자재의 가격이 급상승하였다. 매주 경제기획원 차관이 주관하는 물가 대책 회의가 열려 가격이 오르는 품목을 담당하는 부처의 차관이 받는 스트레스는 이루 말 할 수 없었다. 관료들은 어떻게 하든지 지수를 내리려 했고, 통화당국은 경제의 잣대인 통계를 휘지 않으려고 했다. 화학제품을 담당했던 필자도 부총재를 모시고 몇 번이나 회의에 나가야 했다. 사실, 해외에서 오르는 어쩔 수 없는 요인에 대하여 책임이 두려워 안 오르는 것처럼 하려는 시도는 허사일 수밖에 없다. 1974년, 우리 과에서는 국내 물가에 선행하여 영향을 미치는 수출입 물가지수를 새로 만들었다. 신설하는 일을 도와주게 되는 첫 번째 체험이었던 셈이다. 이후, 몇 십 년 동안 넘치는 이러한 일로 인해 야근이 계속되었지만 바르고 새로운 것을 만드는 호기심이 개인적인 외로움을 상당히 줄여 주었다.

1970년대 후반기부터는 1, 2차 산업에서 3차 산업인 서비스업으로 산업의 중심이 옮겨가기 시작했다. 1979년, 종교 부분 등을 포함한 신 국민계정 체계를 만드는 일을 도왔다. 1981년에는 어려운 규정을 알기 쉽게 하기 위하여『수출금융 실무 해설』이라는 책의 아이디어를 내어 동료들과 함께 만들었다. 1983년에는 제2금융권의 사고가 계속 일어나자 전국의 상호신용금고 100여 개를 다니며 상호신용금고 업무운용의 개선방안을 제안하였다. 6개월도 넘게 1,200여 개의 신용협동조합을 돌면서 규정과 시스템을 개선하였다.

1991년에는 새로 설립한 은행으로 옮겨 고객 위주의 새로운 은행을 만드는 일에 함께 했다. 그 해, 지점의 창밖에 큰 인쇄 홍보물을 붙였는데, 이후로 모든 금융회사들의 창에 홍보물이 빼곡히 붙게 되었다.

1993년에는 그 때까지 볼 수 없었던, 14층에 낸 지점을 맡았는데 여느 1층 점포에도 뒤지지 않았다.

1996년, 지방 점포 때에는 돈이 안 되는 사람들이 지점장실을 자주 차지하는 바람에 고객들이 밖에서 기다릴 수밖에 없었다. 그래서 아예 지점장실에 실무에 밝은 여성 직원을 상주하게 하고 주요 고객만을 모셨다. 그리고 영업과 무관한 사람은 다른 방에서 기다리게 하였다. 밖에서 고객들을 구분하는 일을 하는 사람은 지점장이었다. 이렇게 고객을 수익에 대한 기준으로 구분하여 응대하는 PB영업이 1999년, 처음으로 시작되어 초대 PB지원팀장을 하였다. 외국인 투자법인, 모텔, 고속도로 휴게소와 선박 대출을 먼저 시도하였다. 물론 블루오션이라 실적도 좋았다.

한편으로 신설은행에서 일했던 14년 내내 금융부조리를 이겨 냈다. 그러다 간혹 비웃음도 샀다. 참으로 이상한 일은, 그럴 때마다 내가 오히려 무슨 큰 잘못이라도 하는 것 같은 느낌이 들어 무척 외로웠다. 하지만 중요한 점은 그 철옹성이 무너졌다는 것이다.

하늘 아래 변하지 않는 것은 하나도 없나 보다. 창조란 난데없이 하늘에서 떨어지는 것이 아니다. 이미 있었던 서로 다른 것들을 섞고, 뭉치고, 바꾸어 새롭게 만드는 것이 창조다. 창조는 실존의 역사에서 출발한다.

지금 현실적으로 존재하는 가치와 궁극적으로 있었으면 좋을 가치의 차이를 살펴 그 차이를 줄이는 변화, 혁신, 개혁이 창조일 것이다. 혁신과 창조는 동전의 앞뒷면이라고 할 수 있다. 현실의 기득권을 포기하지 않고는 창조를 이루기는 어렵다는 뜻이다.

"다시는 잘못된 구조를 그대로 둔 채로 구조조정의 외침

만이 난무해서도 안 되고 ~" 『돈이 안돌면 사람이 돌아버린다』 저자. 조덕
중 / 머니업, 2001

"세상을 바꾸려는 사람은 외롭다. 먼저 자신을 믿어야한다.
내 인생 최고의 결정은 곧 내가 곧 죽을지도 모른다는 사실을 직시
한 후에 내릴 수 있었다. 내가 이 세상에 던져 주는 최고의 교훈은
모험을 위한 용기가 필요하다는 것이다." 『스티브 잡스 무한 혁신의 비밀』
저자. 카민 갤로 / 옮긴이. 박세연 / 비즈니스북스, 2010

우리가 먼저 해야 할 일은 우리가 살았던 과거와 지금 살고
있는 현실이 비록 부족했을지라도 젊은이들에게 있는 그대로 열
어 보이고, 그들이 외롭지 않게 하기 위해서라도 기득권층의 아픈
비움을 느껴야 한다.

세상의 급속한 변화와 함께 많은 일들이 사라지고 또 새로
생긴다. 직장에 다니든지, 사업을 하든지, 투자를 하든지, 무슨 일
을 하더라도 쓸모 있는 일을 새로 만드는 모험이 진정한 용기일
것이다. 모두가 회사에서 해야 할 일에 맞추어 입사 시험 공부를
하거나, 지금 고객들의 입맛에 맞추어 일을 하겠지만, 외롭더라도
고객이 궁극적으로 좋아할 가치를 만들어야 할 것이다. 자리를 위

하여 일하지 않고 일에 매진하여 자리를 만들어 내야 할 것이다. 쓸모 있는 일을 만들어 기업과 고객에 나누려면 용기가 있어야 한다. 용기 있는, 뛰어난 일꾼만이 진정으로 일을 만들고 일자리를 늘릴 수 있는 것이다.

우리의 앞날은 한 가지 관념이나 권위에 안주하지 못하는 융합을 위해 열려 있고 이들의 창조성에 그 성패가 달려 있다. 홍성욱 교수의 강의를 본격적으로 들어보겠다.

『하이브리드 세상 읽기』

저자. 홍성욱 / 출판사. 안 그라픽스 / 핵심동사. 바꾸다 / 일의 분류. 창조

외국인 노동자와 다국적 기업이 넘실대고, 원료는 외국에서 들여오고, 생산품은 온 세계에서 쓰이고 있다. 한편으로는 민주주의와 골목 패거리가 섞이고, 민족주의와 세계화가 얽히고, 박정희 숭배와 열린 사회에 대한 갈망이 맞서고, 시장 주의와 코뮌commune 주의가 함께한다. 한국은 용광로처럼 끓고 있는 잡종 사회라고나 할까? 이제까지는 단일민족이나 한 우물만 파라 등 알게 모르게 '하나'를 많이 내세워 왔다. 그러나 세상에는 O/X, 선악, 흑백논리와 같은 양분법만 있는 것은 아니다. 이제는 잡것, 혼혈아, 양다리 등 섞는 것에 대한 본능적인 터부가 무너지고 있다. 융합의 눈으로 보는 세상을 9가지로 나누어 보았다.

서로 다른 두 세상이 겹치는, 긴장감이 창조성의 뿌리

프로이드Sigmund Freud, 아인슈타인Albert Einstein, 피카소

Pablo Picasso, 마르크스Karl Heinrich Marx는 모두, 태어난 곳이 아닌 다른 곳에서 활동하였다. 학생 때 다른 학풍을 접했거나, 전공을 바꾸거나, 지역을 옮기거나 통합될 때이거나 변두리라 중심의 학풍에 영향을 받지 않은 경우, 다른 분야의 전공자와 함께 연구를 하였을 때에 새로운 창조가 많이 만들어진다.

발명은 섞거나 묶는 것

마르코니Guglielmo Marconi가 만든 세계 최초의 무선 전신은 유선 전신의 키, 유도코일, 모스부호기, 코 히어러 수신기, 안테나로 이루어졌는데 이 중 마르코니가 처음 사용한 것은 안테나 하나뿐이었다.

무에서 유를 창조한다는 말은 멋있는 말이긴 하지만 사실은 그렇지 않다. 발명이란 이미 있는 기술들을 섞거나 묶는 것일 뿐이다. 단지 보통 사람들이 안 된다고 여겼던 것들을 말이다.

변두리의 부상

메카mecca에서만 창조가 이루어지는 것은 아니다.

변두리에서도 싱싱한 아이디어가 나올 수 있다.

부자들에게 초상화를 그려주고 끼니를 때우던 모스[Samuel Morse]는 유럽 여행 중에 전신의 가능성에 눈을 떠 밤낮없이 궁리한 끝에 전신을 발명할 수 있었다. 패러데이[Michael Faraday]는 젊었을 때부터 하루 15시간씩, 수십 년간 실험을 거듭하여 가난한 노동자의 아들에서 유럽 최고의 물리학자가 되었다. 아인슈타인은 베른이라는 작은 도시의 특허국에 다니면서 상대성 이론을 냈다.

중심의 이동

어떤 한 곳을 기준으로 변두리였던 곳이라도 다른 곳과 겹쳐지게 되면 새로운 중심이 될 수도 있다. 한국이 세계의 중심은 아니다. 중심으로 들어가려고 애쓰는 것도 좋겠지만 변두리에 있기 때문에 중심에서 할 수 없는 창조의 가능성이 있다는 것도 기억해 주기 바란다. 동양의 전통 속에서 서양의 문물을 받아 들여 우리 것으로 발전시켰다는 우리만의 장점이 있다. 어떻게 하면 우리가 갖고 있는 고유한 이점을 새로 살릴 수 있는지 궁리해야 한다.

평등한 유전자

일란성 쌍둥이조차 성격이 다르다. 창조적인 환경과 교육이 창조적인 사람을 만들고, 당뇨병의 유전자가 있더라도 꾸준한 운동과 규칙적인 생활을 하면 발병을 막을 수도 있다. 유전자가 사람의 모든 정보를 짜주는 주인은 아니다. 유전자가 중요하기는 하지만 운명을 결정하지는 못한다. 인간 게놈 프로젝트의 결과로 인간 염기 서열의 99.9%가 같다고 한다. 인종 차별자들이 부르짖는 우생학적 유전자의 주장은 근거가 없다는 것이다.

잡종이 되어야 산다

순종 약세, 잡종 강세는 진화의 법칙이다. 차이를 소중하게 여겨라. 자신만이 진실하고 남은 거짓이라는 함정에 빠져서는 절대 안 될 것이다. 세상에는 이것이냐, 저것이냐가 아니라 다양한 스펙트럼이 있다는 것을 염두해 두어야 한다. 끊임없이 넓어지고 있는 잡종적 그물망의 매듭을 눈 여겨 봐야 할 것이다.

잘 섞고, 잘 엮어, 새로운 것을 만들어 보자. 만약 절망했다면 다른 각도에서 희망도 생각해 보자. 인간과 기계만이 아니라 그 중간에 있는 사이보그도 떠 올려보자. 남자는 직장, 여자는 집안일을 해야 한다는 고정 관념을 버려라. 선과 악이 극단적으로 맞서고 있을 때 사실 그 둘 다 극단이 아닌지 생각해 보자. 전공과목은 다른 분야들과 어떻게 얽혀 있는지 세상을 생태학적 시스템으로 바라보자.

복잡하고 불확실한 세상이다. 지나치게 자신만만 하지도 말고 경험과 실수에서 배우는 것을 두려워하지도 말자. 네트워크 혁명의 시기에 혼자서 할 수 있는 일은 많지 않다. 여섯 명만 건너면 다 통한다고 한다. 이 세상의 잘게 나누어진, 단위들의 선 안에만 있지 말아야 한다. 그 단위들이 어떻게 이어지는지를 알고, 넘고, 잘 엮어나가야 한다. 신문, 인터넷, TV, 라디오 같은 기술의 힘도 잘 응용해야 할 것이다.

자율학습의 부상

갈수록 과학기술이 전문화되고 세분화되어 배울 것이 많아졌다. 교수들은 많은 것을 가르치려는 강박관념으로 허둥대다 사회에서 꼭 필요한 커뮤니케이션 능력, 다른 사람의 생각을 이해하고 합의하는 능력, 자신의 전공을 세상과의 연관 속에서 파악하는 능력을 제대로 가르치고 있는지 모르겠다.

스스로 배우는 것이 무엇보다 중요하다. 강의로 20%, 질의응답과 토론으로 80%를 배운다. 독창적이고 비판적으로 생각할 수 있는 훈련을 통하여 몸에 익혀라!

창조적인 독서

창조적이고 비판적으로 생각하며 책을 읽는 것이 좋다. 앞뒤가 맞는지, 근거가 충분한지, 과장은 없는지 등을 살피며 책을 읽어야 한다. 저자의 의견이 내가 알고 있는 것과 맞는지도 체크해야 하고 책의 요점과 왜 이런 이야기를 책으로 썼을까를 항상 생각해 보아야 한다. 저자가 일방적인 선입견이나 편견으로 쓴 것은 아닐까도 생각해 보자.

아무래도 내 생각하고 다를 때에는 시간을 두는 것도 좋다. 책에서 무엇을 배웠는지, 보고 새롭게 읽은 것과 이미 알고 있는 것과의 잡종적인 끈도 만들어 보자.

지식 창조 능력이 경쟁력

정보와 지식이 어지러울 정도로 빠르게 변화하고 있다. 시장 정보를 알아내는 것보다 더 중요한 것은 이 정보를 잘 엮어 돈이 되게 하는 것이다. 지식도 정보로 바뀌어 여럿에게 알려질 때 더 가치가 있다. 정보와 지식은 서로 작용하며 발전하는 나선형과 같은 관계이다.

정보기술의 발달로 지식이 사회를 지배하는 핵심이 되었다. 이제는 정보를 품고 있다는 것만으로 통할 수 없다. 수많은 정보를 가르고, 재고, 골라서 새 지식을 만드는 능력이 있어야 이길 수 있다.

21세기 민주주의의 과제는 기술과 지식이 사회 구성원 대다수를 위하여 쓰일 수 있는 사회 구조를 만드는 것이다. 잡종이란 갈등하는 서로 다른 세상들의 경계에 서서 두 세상을 바쁘게 왔다 갔다 하며 양다리를 걸치고, 양쪽 세상의 말과 문화를 이해하는 존재이다.

좋은 세상은 시장과 규제, 민주와 경제, 효율과 평등, 발전과 분배가 얼마나 잘 섞일 수 있느냐에 달려 있다. 대립적인 정치, 경제, 사회 프로그램을 성공적으로 융합하기 위하여 잡종이 더 필요하다.

우리의 앞날은 한 가지 세상에, 하나의 세계관에, 하나의 권위에 안주하지 못하는 잡종을 위해 열려 있고 이들의 창조성에 그 성패가 달려 있다고 볼 수 있다.

가치의 창조

서로 다른 사물의 조합	새로운 경험과 다르게 생각하는 자세가 필수다.	**지식으로 만들기**	수많은 정보를 가르고, 재고, 고르는 능력이 있어야 이길 수 있다.
『스티브 잡스 무한 혁신의 비밀』 저자. 카민 갤로 ǀ 옮김. 박세연 ǀ 비즈니스북스, 2010		『하이브리드 세상읽기』 저자. 홍성욱 ǀ 안 그라픽스, 2003	
기술의 응용	남들이 기술로 광을 낼 때에는 기면서 고심했다. 저 기술을 어떻게 응용할 수 있는지를.	**다양한 생각을 가진 집단에서 촉발**	신 인류가 이끄는 새로운 경제는 혁신을 중심으로 하는 창조경제이다.
『GOOD to GREAT』 저자. 짐 콜린스 ǀ 옮김. 이무열 ǀ 김영사, 2002		『호모 모빌리언스』 저자. 이민화 ǀ 북콘서트, 2012	

가치 창조란 이미 있었던 사물, 정보, 지식과 기술들을 엮고, 묶고, 응용함으로써 새로운 가치로 바꾸는 것으로서 현실을 정확하게 파악하고, 궁극적인 가치를 뚫어보아, 현실의 가치를 궁극

적인 가치와 가깝게 하는 일이다. 즉 창조는 현실의 가치와 궁극
적인 가치를 일치시키려는 동작이다.

철저한 현실 인식

인류의 창조는 태초의 창조와는 다르다. 신이 무無에서 신
축을 하였다면 사람은 기존의 건물에 리모델링을 하는 정도가 아
닐까 생각한다. 기존의 건물을 제대로 알아야만이 개축을 할 수 있
듯이 이미 나와 있는 제품이나 기업을 철저하게 이해하여야만이
새로운 창조가 이루어질 수 있다.

궁극적인 가치의 통찰

"소비자의 의견을 단순하게 받아들이는 소비자 중심보다도
소비자들의 어려움을 완전하게 해결해 줄, 획기적인 방안인 소비
자 가치가 바로 기업의 수익을 창출하는 원천이다."『스티브 잡스 무한
혁신의 비밀』 저자. 카민 갤로 / 옮김. 박세연 / 비즈니스북스, 2010

"나는 경기가 어떻게 돌아가는지는 크게 신경 쓰지 않는다.
경기에 따라 움직이는 주식이 아니라 제품을 차별화 할 수 있는 강
력한 시장 지배력이 10년, 20년이 지나도 크게 바뀌어지지 않을 기

업의 가치를 사야 한다. 이러한 투자를 가치 투자라 한다." 『워렌 버핏의 주식 투자 콘서트』 저자. 워렌 버핏 / 옮김. 차예지 / 부크홀릭, 2010

고객의 궁극적인 가치는 그들의 어려움을 완전하게 해결해 줄 수 있는 획기적인 제품이고, 투자자의 궁극적인 가치는 오랫동안 시장을 강력하게 지배하는 기업이다. 이 두 뜻을 이어 보면 미래 시장의 궁극적인 가치는 차별적인 제품과 그 제품으로 세계의 시장을 오랫동안 지배하는 기업일 것이다.

가치 창조의 뜻을 쉽게 풀어 보자면 이제까지 돈이 되었던 대량 생산, 대량 소비, 국내 시장에서 벗어나 이제부터는 세계적으로 궁극적인 가치가 있는 제품을 만들어 내고 그 제품을 세계 시장에 오랫동안 팔 수 있는 기업을 만들자는 뜻일 것이다.

현실과 궁극적인 가치를 일치시키는 행동

현실과 궁극적 가치를 줄이거나 일치시키기 위하여 섞고, 바꾸고, 뭉치고, 엮는 창조의 핵심은 '행동'이다. 창조는 궁극적으로 쓸모 있는, 차별화된 가치로 바꾸기 위하여 사물과 지식과 정보와 기술을 섞거나, 엮거나, 묶거나, 뭉치는 동작이다.

창조를 지원하기 위하여 조직을 만들고, 목표를 세우고, 구

호도 외치고, 자금도 필요하겠지만, 무엇보다도 창조를 뛰어나게
할 수 있는 일꾼을 기르는 것이 가장 중요할 것이다.

　"제 아무리 유명한 상을 탔더라도 기술이 고객을 훨씬 더
편하게 하고, 걱정 없게 하고, 재미나게 하지 못하면 아무것도 아
니다. 기술 혁신이 자동적으로 가치 혁신으로 이어지는 것은 아니
다. 상품의 쓸모는 사고, 받고, 쓰고, 붙이고, 고치고, 버리는 과정
에서의 생산성, 간편성, 편리성, 위험성, 흥미성, 환경유해성이다.
보다 정확하게 상품의 쓸모를 체크하려면 가로에 위의 6개의 과
정과 세로에 위의 6가지의 쓸모를 적은 표의 총 36개의 칸에 소비
자의 쓸모를 막는 요소들을 적어보라. 고객과 비고객의 쓸모를 막
는 가장 큰 장애는 어느 과정에 있는가? 앞으로 내려는 상품은 이
런 장애를 잘 없앨 수 있는가?"『블루오션 전략』 저자. 김위찬, 르네 마보안
／ 옮김. 강혜구 ／ 교보문고, 2005

냉혹하게 짓다

기업이 살아 움직이도록 흔드는 경영

어버이날에 직원과 배우자의 부모님 통장에 각각 20만원씩을 넣어드렸다. 직접 직원들에게 40만원씩을 주며 보내 드리라고 해도 되었겠지만 빠듯한 살림에 배달사고(?)라도 있을까 하는 노파심에서였다. 한 쪽 부모가 안 계시는 몇몇 직원에게는 나머지 한 쪽 부모님에게 40만원을 보내 드렸고, 양가 부모가 모두 없는 직원에게는 자녀들에게 보냈다.

필자의 친형으로부터 전화가 왔다. 어머님이 당신 아들이 사장으로 일하는 회사에서 용돈을 보내 주었다고 경로당에 통닭을 돌렸다고 한다. 어머님에게 자랑거리를 만들어 주어서 고맙다며 밥을 사주었다. 어느 직원의 아버님은 직접 연필로 쓴 편지까지도 보내 주셨다. 돈을 받은 한 자녀로부터 문자가 온 적도 있다. "아버지께 셔츠를 사 드리려고 왔어요. 빨간 색이 좋겠어요? 검정 색이 좋겠어요? 사장님 고마워요!" 많은 직원들은 부모들로부터 답례로 김치를 받는 등 부자간의 왕래도 늘었다고 했다. 덕분에 회사가 훈훈해졌다.

직원회의를 하기 전에 긴장을 풀기 위해 10분 정도의 시간을 내서 팀 간 팔씨름 시합을 했다. 입상자에게 역시 10~20만원씩의 현금을 즉석에서 시상했다.

전 직원을 다섯 개의 팀으로 나누어 연간 원가 감축이 1등인 팀에게는 삼천만 원, 이등인 팀에게는 이천만 원, 삼등인 팀에게는 천만 원을 걸었다. 그리고 수상 금액의 개인별 배분은 팀 자체의 결정대로 하기로 했다. 공장의 심야 휴일 가동으로 전력비가 줄고, 원료 구입처를 새로 중국으로 개발하고, 겨울에 쉬는 배를 대만으로 보내고, 벙커C유를 재생유로 대체하는 등 전 부서에서 쉴 새 없이 원가를 줄이자 운송비 부담이 줄어 경인 지역까지 판매가 확대되었다. 2년 전에 40만 톤이었던 매출이 백만 톤을 넘게 되었다. 중화요리 식당을 통째로 빌려 직원과 가족들이 함께 파티를 하였고, 물론 이 때에도 백만 원과 함께 일주일의 휴가를 건 추첨이 있었다.

그룹이 퇴출을 당할 때에 그룹 내의 다른 회사들과는 달리 경쟁기업에 팔렸다. 직원들은 고용승계와 함께 모두 몇 천만 원씩의 공로금을 받았고, 물론 주주들도 출자금의 몇 배를 남겼다.

그렇게 소중한 돈을 여럿이 모여 전문적으로 버는 조직이 기업이다. 그 기업을 활기차게 살아 움직이도록 흔드는 것이 바로 올바른 경영인 것이다.

"경영은 회사가 살아 움직이도록 흔드는 것이다. 1993년,

20조 원이 결손났던 기업에 들어와 흥겨운 파티를 위해 춤판을 계속 흔들었다. 2002년, 10조 원을 남겼고 그 동안 종업원은 6만여 명을 늘렸다.”『코끼리를 춤추게 하라』 저자. 루이스 V. 거스너 Jr / 옮김. 이무열 / 북앳북스, 2003

　어렵고 중요한 일을 하는 행동방식은 모두 한 결 같이 ‘짓다’라고 표현한다. 글을 짓고, 밥을 짓고, 집을 짓고, 짝을 짓고, 농사를 짓고 등 짓다가 최상의 동작인 셈이다. ‘짓다’는 ‘들어가다’, ‘파다’, ‘벌다’, ‘불리다’, ‘열다’, ‘맞추다’, ‘바꾸다’ 등 7개 동작의 종점일뿐 아니라 이 7개의 동작을 합한 것이기도 하다.

　사회의 가장 큰 생산수단인 기업을 움직이는 것은 수렵 채취라기보다는 짓는 것이라 할 수 있다. 쉴 새 없이 돌아가는 계절에 맞추어 비가 오면 물고를 터주고, 가물면 샘을 파고, 풀이 자라면 김을 매고, 자연과 끊임없이 대화하고, 탐스러운 열매를 밤낮으로 생각하는 농사처럼 지어야 하는 것이 바로 경영이다. 농부처럼 일하면 누구든지 오랫동안 돈을 많이 만드는 기업을 잘 지어 낼 수 있지 않을까 생각한다. 오늘날의 영웅은 기업가든, 직원이든, 돈을 만들어 내는 기업을 냉혹하게 지어 내는 사람일 것이다.

『GOOD to GREAT』

저자. 짐 콜린스 / 옮긴이. 이혁재 / 출판사. 김영사 / 핵심동사. 짓다 /

일의 분류. 경영

몇십 명의 연구진들과 5년간 연구하여, 지난 30년
동안 미국에서 엄청난 이익을 낸 열 한 개 기업의 핵심 원
동력을 살펴보겠다.

애버트[의약품] _ Abbot[medical products]

서킷시티[소매상품] _ Circuit City[retail specialty]

페니메이[종합금융] _ Fannie Mae[S&L]

질레트[화장품] _ Gillette[cosmetics]

킴벌리 클라크[생활용품] _ Kimberly Clark[household products]

크로거[음식체인점] _ Kroger[retail food chain]

뉴코[제철] _ Nucor[steel]

필립모리스[담배] _ Philip Moris[tobacco]

피트니 보우즈[컴퓨터] _ Pitney Bowes[computer systems]

웰스 파르고[은행] _ Wells Fargo[major regional banks]

월 그린즈[소매약국] _ Walgreens[retail drugstore]

이 기업들은 도약 이후 15년 동안 전체 기업 평균의 6.9배에 이르는 누적 수익률을 냈다. 월 그린즈^{Walgreens}는 GE나 코카콜라보다 5배, 전체 주식 시장보다 15배가 넘는 수익을 달성했다. 그저 그런 평범한 기업으로 20~30여 년을 운영하다가 사라지는 기업과 10~20여 년 동안은 똑같이 평범하게 좋은 기업이지만 어느 날 초일류기업으로 올랐던 기업에는 공통적으로 어떠한 메커니즘이 있을까? 우연한 대박, 반짝이는 아이디어, 슬로건, 혁신적 기술, 모토, 출중한 경영자, 스타 영입, 임원들의 높은 보수, 뛰어난 전략, 인수 합병, 동기 부여 등은 미안하게도 별로 관계가 없다.

겸손하면서도 의지가 굳은 CEO들이 바탕이었다. 그 CEO들은 일꾼들을 먼저 모으고, 현실을 직시하며, 오랫동안 힘을 쌓아 왔다. 성공할 일이면서도 신나게 돈을 벌 수 있는, 단순 명쾌한 회사 목적을 찾아내어 엄격한 기준 아래, 기술을 응용하여 좋은 기업에서 위대한 기업으로 돌파하였다.

리더

리더는 겸손하면서도 의지가 굳고 두려움이 없어서, 언뜻 보면 이중적으로 보일 수 있다. 리더는 또한 강력한 카리스마가 있거나 매스컴을 화려하게 장식하는 사람이 아니다. 패튼George Smith Patton이나 시저Caesar 보다는 링컨Abraham Lincoln이나 소크라테스Socrates 쪽에 가깝다. 굳이 남 앞에 나서지 않으면서도 회사에 최우선적인 목표를 두고, 무슨 일이든 열심히 하는 사람들 말이다.

일꾼

맨 먼저 일꾼들을 뽑는다. 자나 깨나 농사일에만 몰두하는 농사꾼 같은 일꾼들을 모으는 것이 첫째다. 적극적, 긍정적, 개방적인, 품성이 좋은 사람들을 뽑아야 한다. 이런 사람들이 뭉치면 무슨 일이든지, 어떤 경우이든지 해내고 만다. 해병대도 혹독한 훈련으로 강해지는 것이 아니라 해병대가 좋아서 간 사람들이기에 훈련을 통해 더 강해지는 것이다.

차라리 자리를 비워 놓더라도 일꾼을 기다려야 한다. 무능한 자가 힘 있는 자리에서 일꾼을 눌러 일꾼들이 떠나게 하는 것은 실패하는 지름길이다. 합병 때 특히 그러하다. 인수는 직원이 아니라 고객과 점포망을 사는 것이다. 인수 직원 중에서도 일꾼이 있으면 기존 회사의 불성실한 직원을 골라내야 한다. 물론 구조조정은 빨리 야무지게 한 번 하고 함께 가야 한다.

꼭 보수를 많이 받는다고 해서 일을 잘하는 것은 아니다. 뛰어난 일꾼은 월급에 크게 신경 쓰지 않고 어느 환경에서든지 열심히 한다. 하지만 뛰어난 일꾼을 뺏기지 않기 위하여 월급을 올려 주는 것도 잊어서는 절대 안 된다.

신념

회의에서는 큰 소리가 나야된다. 자기 의견은 아예 내지도 않고 CEO의 눈치만 보는 임원들이 판치는 곳은 실패할 가능성이 크다. 상대방을 존중하면서도 격렬한 논쟁이 있어야 된다. 물론 결론이 나면 모두 이의 없이 그 의견에 전력을 쏟아야 한다. 냉혹한 시장과 대화하고 냉혹한 현실을 직시할 때까지 끊임없는 질문이 이어져야 한다.

라이벌을 무서워서 피하고 CEO를 띄우기에만 급
급하면 그것도 역시 안 된다. 강한 라이벌이 있는 것에 대
한 자부심을 가져야 된다. 이길 수 없는 싸움을 막연히 이
기리라고 허풍 떠는 것도 아니다. "그래 내일은 이길 수
없다. 이길 수 없어도 버틴다. 그러나 우리는 꼭 이길 수
있다." 라는 믿음을 가지고 있었던 기업들이 성공했다.

목표

살아남는 것이 목표가 아니라 우뚝 서는 게 진짜
목표였다. 회사의 이익이 되는 것은 무엇이든 서슴지 않
아야 된다. 힘을 쌓아야만 한다. 오 년이고, 십 년이고, 하
루하루 냉혹하게 해 나가야 이루어진다. 그렇게 쌓아 가
다 보면 어느 날 이륙을 하게 되는 것이다. 내부에서는 그
러한 도약을 알 수 없다. 밖에서 보는 사람들만이 그것을
기적이나 신화로 여긴다.

단순 명쾌한 경제적 목표를 찾아야 되는데, 세 가
지로 요약할 수 있다. 세계에서 제일 잘 할 수 있고, 돈
이 되고, 신나게 할 수 있는 것이다. 정말 절실하게 찾아
야 한다.

임원

한 명의 천재를 천 명이 조력해서는 안 된다. 잘 된 것을 모든 리더에게 주는 것도 안 되고 모든 잘못을 리더에게 미루는 것도 안 된다. 소리가 많이 나는 일에 있어서는 절대 양보하지 않는 두터운 임원층이 있어야 한다. 그런 두터운 일꾼들이 많이 있으면 회사는 승승장구할 수 있다.

"일꾼들의 소망은 사실 우승팀의 일원이 되는 것이지요." 일꾼들은 현역에서 신화를 만들 때에 서로에게 연애하듯이 가슴이 두근거렸다고 한다. 어려운 목표를 이루기 위해 합심해서 고뇌하고 모색하였던 분들을 만나게 되면 마치 옛 애인을 만난 것처럼 기분 좋은 설렘을 느낄 수도 있다.

절제

잘 되면 창밖을 봐야 되고 안 될 때는 거울을 보아야 한다. 자기 잘못이라고 인정하는 겸손함이 필요하다. 신화를 만든 기업의 경영자들은 한결 같이 "직원들을 잘 만났고 임원들이 잘 했기 때문에 성공할 수 있었다. 나는 운이 좋아서, 운이 따라 줬기 때문이다."라고 말한다.

사장실을 화려하게 꾸미는 경영자는 마음가짐부터 다시 다잡아야 한다. 조직의 단순 명쾌한 목표를 이루기 위해 자기 절제를 엄격하게 해야 한다. 화려한 파티를 안 하고도 목적에 열광시키고 결집시킬줄 알아야 한다. 기준에 어긋나면 안 된다. 특히 임원들의 가혹한 절제가 반드시 필요하다.

기술

기술 자체로만 결판이 나는 경우는 드물다. 기술의 응용이 훨씬 더 중요하다. 남들이 기술로 폼을 잡을 때는 낮은 자세로 기었다. 기면서 고심했다. 저 기술을 어떻게 응용할 수 있는 지를 늘 고심했다. 기술과 기술의 응용으로 가속되기는 하지만 출발은 경영에 있다.

몇 년 사이에 소니Sony나 노키아Nokia까지도 휘청거리고 있다. 세계 1등만이 살아남고 무엇을 하든지 간절하게 세계 1등을 목표로 잡아야 하는 것은 이미 알고 있는 사실이다. 단지 동네 1등도 쉽지 않은 마당에 세계 1등은 엄두가 나질 않고, 어떻게 해야 할 지도 막연할 뿐이다.

'개천에서 용 난다'는 말처럼 환경과 기회는 다른 문제이며 오히려 열악한 환경을 이겨내는 분들이 기회를 잡게 된다. 풍토가 아직은 성숙하지 못했기 때문에 묻혀 있어서 그렇지 우리 주위에도 세계 1등을 할 수 있는 소질을 지닌 일꾼들이 얼마든지 있을 것이다.

세계 1등의 자동차 기업인 도요타의 방식을 똑같이 도입했더라도 직원들의 자주적 개선활동 풍토가 없이 성공한 기업은 없다고 한다. 세계 1등은 70억 명 중에서 하나라는 숫자라기보다는 세계가 급속하게 하나로 되면서 모여지고 있는, 합리적인 사고방식과 말, 실천을 하는 개인과 기업을 뜻할 것이다.

세계 1등들에게는 어떠한 특별함이 있을까?

일등의 비밀

사람들이	기업의 생존은 사업보다 무쌍한 변화에 먼저 대응할 수 있는 사람에게 달려 있다. 『이건희 개혁 10년』 저자. 김성홍 외 │ 김영사, 2003	스스로 배우고	이제 교육은 선생님의 가르침에서 스스로 배워나가는 새로운 패러다임으로 이동한다. 『호모 모빌리언스』 저자. 이민화 ╱ 북콘서트, 2012
생각하는 힘을 키워	직원들의 생각하는 힘을 최대한 이끌어내는 것이 경영의 요체이다. 『도요타 최강경영』 저자. 시바타 마사하루 외 │ 옮긴이. 고정아 │ 일송미디어, 2001	한계에 도전	혁신적인 리더는 창의성을 계발하기 위하여 항상 새로운 경험에 도전한다. 『스티브 잡스 무한 혁신의 비밀』 저자. 카민 갤로 │ 옮긴이. 박세연 │ 비즈니스북스, 2010

1등들의 비결이라고 해서 아예 처음부터 따라할 수 없는 것은 아닐 것이다. 스스로 배우고, 생각하는 힘을 늘려 한계에 도전하는 사람이나 조직은 누구든지 할 수 있을 것이다. 어쩌면 모든 개인과 기업이 해야 할 일이다.

감명 깊게 읽었던, 등대와 같은 세계 1등 기업들의 책 3권
을 살펴보겠다.

『코끼리를 춤추게 하라』

저자. 루이스 V 거스너 / 옮긴이. 이무열 / 출판사. 북앳북스

먼저 고객, 다음이 회사, 그리고 그 다음이 부서
다. 20조 원이 결손난 회사에 들어오자마자 고객이 기업
의 원동력이라는 엄연한 진리를 익혀주기 위하여 바로
현장에 뛰어 들어 고객을 만났다. 그리고 고객들의 뜻대
로 주력제품의 값을 내렸다. 고객에게 성실하고, 확신으
로 일하고, 솔직하게 얘기하고, 일인자의 눈치를 안 보는
직원들을 한 사람씩 직접 골라 외부의 영입 없이 경영 팀
을 짰다. 이메일로 직원들과 명료하고 지속적인 의사소
통을 했다. 그리고 기어코 한 마음으로 뭉친 회사로 바
꾸어 놓았다.

조직이란 '조직원들의 가치 창조 능력의 총합'일
뿐이다. 문화는 승부 그 자체이다. 시장, 경쟁자, 선두, 이
기다 등의 말조차 사라져버린, 공룡 같은 IBM 문화와 정

면으로 충돌하였다. 문화는 명령하거나 생산할 수 있는 것이 아니라 여건을 창출할 뿐이다.

위대한 경영자는 직원들의 말을 존중하고, 솔직하게 말하며, 나쁜 소식을 직접 전한다. 지고는 견딜 수 없어 동료들을 이기라고 격려한다. 위대한 지도자는 승리에 대한 열정이 가장 중요하다.

『도요타 최강 경영』

저자. 시바타 마사하루 ／ 옮긴이. 고정아 ／ 출판사. 일송 미디어

'문제를 끄집어내어 힘든 상황으로 몰아 지혜를 짜내는 것'이 바로 그 유명한 도요타의 개선 방식이다.

1945년, 도요타는 생산성에서 10배나 차이가 나는 미국을 3년 안에 따라 잡겠다는, 도저히 안 될 것 같은 슬로건을 목표로 내걸었다. 발상을 바꾸어, 처음부터 목표를 높게 잡아 지혜를 짜내서 목표로 다가가는 연역법을 사용한 것이다. 이 발상으로 인해 계획적으로 생산한 것이 아니라 뒷 공정에서 앞 공정에 지시하여 팔린 만큼 생산하는, 현장의 자율적인 제어로 재고를 없애는 이른바

‘간판방식’이 만들어졌다.

보통의 개선 활동은 현재의 시스템을 보다 좋게 하기 위한, 지지 않기 위한 개선인데 비하여 도요타의 개선은 현 시스템을 새 시스템으로 바꾸는, 이기기 위한 개선이었다. 사람을 살리는 도요타의 공동체 경영은 이기기 위한 일본식 경영이었기에 개혁 후, 남는 인원도 무조건 감원하지 않았다. 도요타는 인간존중이나 인간관계 존중이 아닌 인간이 지닌, 생각하는 능력 즉 인간성을 존중했다.

기업이 살기 위해서는 ‘직원들의 생각하는 힘’을 최대한 이끌어 내야 한다. 함께 생각하고, 함께 추진해 나갈 수 있는 풍토가 되면 사람의 능력은 최대로 커지기 때문이다. 그러한 풍토 속에 도요타는 30여 년 만에 미국을 앞섰고 결국 세계 1등의 자동차 기업에 오른 것이다.

『스티브 잡스 무한 혁신의 비밀』

저자. 카민 갤로 / 옮긴이. 박세연 / 출판사. 비즈니스 북스

살아있는 전설로 불렸던 스티브 잡스는 세상을 바꾸자는 말을 가장 좋아 했다고 한다.

- 기업에는 강력한 비전을 제시할 수 있는 리더가 있어야 한다. 이 땅의 삶을 윤택하게 하여 많은 사람에게 희망을 나누어 주는 것이 바로 기업의 중요한 역할이다.

- 우리의 두뇌는 반복적인 일상생활에서는 에너지를 아끼는 쪽으로 움직인다. 나의 뛰어난 직관은 내가 경험한 새로운 지역, 분야, 사람들로부터 나온 것이고, 획기적인 아이디어는 모두 다양한 아이디어를 조합하는 능력에서 나온 것이다.

- 소비자는 기업보다는 오로지 자신의 꿈과 목표에만 관심이 있을 뿐이다. 소비자의 생각과 욕망을 깊게 이해하여 물건이 아닌 꿈을 팔아야 한다.

- 다른 사람이 바라는 삶을 살면서 시간을 흘려서는 안 된다. 아침이 기다려지는 일을 찾아야 한다. 돈과 명예를 얻지 못하더라도 끝까지 자신의 길을 고집하라.

- 많은 기업이 현실에는 익숙하지만 상상에는 약

하다. 혁신은 상상과 현실이 만나는 곳에서 이루어진다. 애플은 매장에서 잡동사니를 모두 없애고 제품 대신 방문객이 컴퓨터를 마음껏 사용할 수 있고, 전문가에게 물어 볼 수 있는 등 색다른 경험으로 채웠다. 새로운 소비자 경험을 창조하는 비즈니스를 추구한 것이었다.

– 사람의 두뇌는 원래 지루한 이야기를 잘 견뎌내지 못한다. 나의 슬라이드에는 정보와 즐거움 그리고 아름다움이 모두 들어 있다. 남을 설득할 수 없다면 최고의 아이디어라도 아무런 쓸모가 없을 것이다.

좋은 일자리의 원천인 신생 기업이 더 많이 생겨날 수 있도록 시장 환경을 조성하는 것이 급선무이다. 신생 기업은 똑똑하고, 창의적이고, 열정으로 가득 찬 모험가들이 만든다.

1. 다음 중에서 나머지와 다른 것은?

　가. 마누라와 자식만 빼고 다 바꾸자.

　나. 모험을 위한 용기가 필요하다.

　다. 이념이나 사상 없이는 살 수 없고 구관이 명관이다.

　라. 미래를 예측하는 가장 좋은 방법은 미래를 창조하는 것이다.

2. 혁신의 본질은?

　가. 소비자의 의견을 단순히 받아들이는 것

　나. 소비자들이 겪고 있는 어려움을 완전하게 해결해 줄 획기적

　　　인 방안을 제시하는 것

3. 생산성이 10배가 넘었던 미국을 30년 만에 따라 잡은 도요타의

방식이 아닌 것은 ?

　가. 팔린 만큼 생산

　나. 직원들의 생각하는 힘을 최대한 끌어내기

　다. 이기기 위한 개선

　라. 각 공정마다 최소의 재고를 준비

4. 초일류 기업들이 공통적으로 맨 먼저 했던 일은?

　가. 출중한 경영자

　나. 혁신적 기술

　다. 뛰어난 전략

　라. 자나 깨나 농사에만 몰두하는 농사꾼 같은 일꾼들을 모으기

5. 일류기업이 되기 위한 세 가지의 경제적 목표가 아닌 것은?

　가. 세계에서 제일 잘 할 수 있는 것　　　나. 돈이 되는 것

　다. 신나게 할 수 있는 것　　　　　　　라. 남들이 잘 하는 것

6. 다음 중 뛰어난 일꾼들의 행동방식은?

　가. 베스트는 공이 있는 곳으로 달려간다.

　나. 완벽이란 더 이상 더할 것이 없는 상태이다.

　다. 한 곳에서도 변두리였기 때문에 다른 곳과 겹치게 되더라도
　　　새로운 중심이 될 수는 없다.

　라. IBM의 춤판을 흔든 거스너 회장은 오로지 승리, 실천, 팀워
　　　크 셋에 초점을 맞춰 행동리스트도 짜게 하고 수당도 주었다.

7. 세계 1등 기업들의 경영 방식은?

　가. 합병할 기업을 담보로 하여 돈을 빌리는 LBO(Leveraged Buy Outs) 방식 등으로 틈틈이 M&A를 하여 덩치를 키운다.

　나. 사업 경쟁력보다는 동업계의 암묵적인 제휴와 비 시장의 협조에 의한 수수료 인상 등 국내 시장의 분할 지배에 안주한다.

　다. 리더는 직원들을 추종시키기 위하여 툭하면 인사권을 만진다.

　라. 직원들이 스스로 배워 나갈 수 있는 여건을 마련한다.

8. 다음 중 가치의 창조와 거리가 있는 것은?

　가. 소비자의 어려움을 완전하게 해결해 줄 제품

　나. 오랫동안 시장을 강력하게 지배할 기업

　다. 쓸모있게 바꾸고 이윤을 창출한다.

　라. 세상을 바꾸려는 사람은 외로우므로 혁신을 우회하기

9. 다음 중 돈이 되는 것과 거리가 먼 것은?

　가. 궁극적인 가치를 인식하기

　나. 현실을 철저하게 뚫어 보기

　다. 기술과 지식으로 사물을 쓸모 있게 바꾸기

　라. 좁은 골목을 점령하기

10. 연말 즈음에 기업의 전 임직원들이 1박 2일로 쾌적한 장소에
모여, 임원들은 별도로 하고, 직원들끼리만 몇 개 팀으로 나누
어서 각 팀별로 토의를 거쳐, 다음 해의 손익계산서와 대차대조
표, 매출과 수익 목표 그리고 영업 전략을 수립하여 발표하고,
그 내용대로 회사의 목표로 삼고 실행해 보자.

3/5

뛰어난 일꾼들의

4가지 행동방식

자기관리, 경제활동, 사회생활, 창조경영은 초등학교 때의 주요 과목인 국어, 산수, 사회, 자연과 비슷하기도 하다. 내가 중학교 입학 시험을 볼 때에는 국어와 산수만 보았을 정도로 두 과목이 중요하였고 중·고등학교 때에는 영어와 수학이 중요하였다.

이제까지는 자기관리와 경제활동에 집중하지 않았나 싶다. 솔직하게 말하면 내가 노력해서 돈을 벌어야겠다고는 했지만 내 것을 남과 나누거나, 내가 세상을 만든다는 개념은 약했다. 환갑을 지난 나이가 되어서야 왜 사회와 자연을 배웠는지, 왜 남과 나누고 세상을 만들어야 하는지를 알 듯하다.

이 시대가 요구하는 일꾼은 협조와 창조를 잘하는 사람이라고 한다. 뛰어난 일꾼이 되려면 특히 사회생활과 창조경영을 유념하여야 하겠다.

싸우고, 챙기고, 나누고, 만드는 것이 일의 큰 모습이다. 차를 운전할 때에는 항상 앞, 뒤, 오른쪽, 왼쪽의 네 방향을 살핀다. 자기관리, 경제활동, 사회생활, 창조경영의 일을 뛰어나게 하기 위하여 항상 다음의 4가지를 살펴야 한다.

1. 내가 줄기차게 노력하고 있다고 여기는 일이 사실은 생
   각나면 하고 있는 것은 아닐까?
2. 나는 배고픈 것은 참아도 배 아픈 것은 절대 못 참지는
   않을까? 나의 성취감보다는 남의 입에 발린 칭찬을 더 갈
   망하고 있지는 않을까?
3. 나는 상대가 나에게 맞추어 주기만을 기다리고 있지는
   않을까?
4. 나는 세상이 앞으로 어떻게 될 것인지보다는 과거나 현
   재의 세상에 맞추는 데에만 급급하고 있지는 않을까?

뛰어난 일꾼들의 4가지 행동방식

자신과 싸우며

네가 어찌 35년 내내 열심히 했다고 하니? 했다가 말았다 그랬겠지. 아니 거의 말았다 이었겠지.

『신과 나눈 이야기』
저자. 닐 도날드 월시 | 옮긴이. 조경숙 | 아름드리미디어, 2003

돈을 챙기고

아무 생각 없이 남을 따라하지 마라. 나는 남의 권유로 투자한 적은 한 번도 없었다.

『워렌 버핏의 주식 투자 콘서트』
저자. 워렌 버핏 | 옮긴이. 차예지 | 부크홀릭, 2010

남과 나누며

협상은 둘 다 이길 수 있도록 믿음을 바탕으로 진정한 사이를 만드는 것이다.

『허브 코헨 협상의 법칙』
저자. 허브 코헨 | 옮긴이. 강문희 | 청년정신, 2001

세상을 만들기

승자 독식 사회인 21세기에서 생존하기 위한 핵심은 모든 제품과 서비스의 월드베스트이다.

『이건희 개혁 10년』
저자. 김성홍 외 /김영사, 2003

04

뛰어난 일꾼으로!

삼성의 자문이었던 이창우 교수로부터 본인이 지은 『다시 이병철에게 배워라』라는 책에 대한 열띤 강의를 들었다. 한 번도 앉거나 화장실에도 가지 않고, 예정시간을 배나 넘게 강의하는 노 교수님의 열정에서, 그때까지 막연히 알고 있었던 삼성의 성공 신화에 대한 보잘 것 없는 상식이 한 순간에 무너지는 듯 했다.

삼성을 더 알기 위하여 『이건희 개혁 10년』을 읽었다. 삼성이 스스로 국내 1위의 달콤함에 안주하지 않고, 일본과 미국과 유럽의 최강 선진국들에 도전하는 외로운 길을 가지 않았다면 과연 오늘날처럼 세계에서 가장 뛰어난 IT 기업이 되었을까?

낡은 관행들을 뿌리 뽑아야만 하는 많은 분들은 이제는 외로운 길을 가지 않아도 될 것이다. 올해로 만 20년이 된 삼성 신 경영의 교훈이 있기 때문이다.

IMF를 무사히 넘긴 한국 유일의 재벌, 외국 투자가들이 가장 선호하는 세계 일류의 글로벌 기업을 이룬 삼성은 어떻게 개혁을 이루어 왔는지 차근차근 살펴보자.

김성홍／우인호　줄거리

『이건희 개혁 10년』

저자. 김성홍, 우인호 ／ 출판사. 김영사

나는 46세에 회장이 되어 제2의 창업을 외쳤다.

"마누라와 자식만 빼고 다 바꾸자. 나부터 변하자!"며 스스로 하는 자율경영과 인간이 만든 위대한 발명품 중의 하나인 인센티브로 6년 동안 끊임없이 경영의 질을 높이려고 개혁을 시도하였다.

그러나 개혁이 뜻대로 쉽게 되지는 않았다. 1993년, 프랑크프루트에서 "아직까지 양量을 포기할 수는 없지 않겠느냐?"는 사장단의 공감을 간곡하게 직언한 간부의 건의에 화가 났다. 들고 있던 티스푼을 던져 버렸다. 누군가로부터 답을 구하는 데에 익숙한 사람보다는 자신을 믿고 스스로 답을 찾는 사람의 생존력이 더 질기다고 한다. 결국 그룹의 핵심까지 바꾸며 정면 돌파하였다. 10년 동안 일관되게 양量이 아닌 질質 위주의 개혁을 강력하게 추진하였다.

2002년 이익은 2,300억 원에서 15조 원으로, 한 해 동안에 지난 60년 동안 번 총액의 2배가 넘게 남겼다.

부채 비율은 336%에서 65%로, 시가 총액은 3조 6천억 원에서 75조 원이 되었다. 같은 기간, 전체 상장 기업 이익의 61%를 차지하였고, 108억불의 브랜드 가치를 달성하였으며, D램, S램, 평면TV, 애니콜, TFT-LCD, 전자레인지, VCR, 컬러브라운관 등 18개 제품이 세계 1등 제품이 되었다.

삼성은 열 가지의 개혁을 해냈다.

먼저, 직원의 의식을 바꾸어 자기 계발에 집중토록 하였다. 20여 만 직원이 오전 7시에 출근하고 오후 4시에 퇴근하도록 하였다. 개인의 삶의 질 향상과 교통난 해소, 충실한 가정생활을 위하기도 했지만 더욱 중요한 것은 자기 계발을 위함이었다. 이전에 비하여 외국어 자격 취득자는 배 이상, 정보화 자격 취득자는 18배나 늘었다.

둘째, 나라를 위한 천재 키우기에 적극 나서는 천재경영과 기회를 선점할 수 있는 미래성장 엔진 발굴, 그리고 중국 시장 전략 강화에 집중하는 3대 핵심 전략을 실행 하였다.

　국제화는 단순히 외국 출장을 많이 가는 게 아니라 외국의 인프라와 문화를 보고 직접 체험하는 것이며 국제인은 영어를 잘 하는 사람이 아니라 자기 문화에 대한 자부심이 있으면서도 상대방의 문화에 대한 존경심을 갖는 사람이다. 임원들에게 스위스의 독종 근성, 덴마크의 생존 본능 등 일류 유럽문화를 체험하게 하였다.

　셋째, 해서는 안 되는 사업은 과감히 포기하도록 하였다.

　65개의 계열사를 45개로 줄이고, 총 236개의 사업을 정리 하였으며, 분사 매각 등으로 5만여 명의 직원을 줄였다.

　GE의 잭 웰치[John Frances Welch Jr] 회장은 개혁을 구조조정 ⇨ 프로세스 혁신 ⇨ 문화 혁신 순으로 진행하였으나, 우리는 정신적 바탕을 중시하는 동양적 사고의 틀을 따라 역순으로 문화 혁신, 스피드 경영의 프로세스 혁신을 하고 나서 IMF 이후에 진정한 구조개혁을 단행했다.

넷째, 사람을 중시하였다.

디지털 시대는 사람의 수가 중요한 게 아니라 머리로 싸우는 두뇌 전쟁의 시대이다. 기업의 생존은 사업보다는 예측불가한 변화에 먼저 대응할 수 있는 사람에게 달려 있다. 불확실한 미래를 위한 준비가 바로 탁월한 사람을 확보하는 것이다. 자기 분야에 정통하는 것은 물론이고 다른 분야까지 폭 넓게 알고 있는 한 명의 천재가 10만 명을 먹여 살린다. 나는 핵심 인력을 통하여 미래의 수종 산업을 마련하겠다는 복안으로 인재 한 명을 데려오기 위하여 자가용 비행기를 띄우기도 했다.

그리고 많이 알고, 직접 할 줄 알고, 시킬 줄 알고, 지도하고, 평가할 줄 아는 종합예술가로서의 전천후 CEO를 양성했다. 한 번 믿고 맡기면 성과에 크게 연연하지 않고 꾸준히 지켜보아 수십 명의 사장이 한 자리에서 3~5년 이상 경영 능력을 검증받고 있다.

변화를 두려워하고 현재의 상황만을 지키려는 임원들이야말로 가장 위험한 내부의 적이다. 경영은 보이지 않는 것을 보는, 새로운 눈을 가지는 것이다. 수치만을 중시하여 작은 것만 챙기고, 거짓말을 하고, 똑같은 실수를 여러번 반복하고, 발상의 차원이 낮고, 자리에만 안주하려 하고, 개인에게 충성하고, 핑계거리나 찾고, 남의 공을 가로채고, 사내 정치에 열심이고, 사람을 키우지 않는 그런 CEO를 싫어한다.

인재를 양성하고 기술을 중시하여 13개 연구소에서 하루 3,700명이 교육 받을 수 있는 세계 최대의 인프라를 갖추었다. 연구개발비를 매출액의 10%까지 끌어올려 기술을 중시하는 경영풍토를 다졌다.

다섯째, 제품에 우리 나라의 문화를 깃들게 해 경쟁력을 높였다.

선대 회장부터 있어 왔던 호암湖巖 상을, 스웨덴의 국가경쟁력의 원천인 노벨상처럼 되는 것을 목표로 별도 재단을 만들어 삼성의 냄새를 최대한 뺐다.

나의 발언을 모두 녹음하여 관계사 사장들에게 전파하는 등 기록문화를 체질화하여 단순한 실수를 반복함으로써 일어나는 엄청난 돈과 인력 낭비를 방지하였다.

여섯째, 매년 신제품 비교 전시회를 개최하고 있다.

한남동 집에 삼성제품과 선진국의 제품을 가지고 와서 직접 사용해 보고 분해, 조립까지 해보며 비교분석하였다. 벤치마킹 대상 회사를 제품별로 정해 놓고 삼성의 제품과 항상 비교하였다. 전자제품은 끈질기고 치밀한 분석을 해야 직성이 풀렸다. 나는 휴대폰이든지, 오디오든지 어떤 첨단 기기들이라도 직접 분해하고 조립할 수 있다. 사용자들의 편의를 생각하지 않고 복잡하게 만든 리모컨을 간단히 온·오프 기능만 할 수 있게 만들었고 볼록한 TV 브라운관을 평면으로 만든 '명품 플러스 원' 등은 내가 직접 아이디어를 냈다.

일곱째, 디자인을 혁신하였다.

21세기 기업 경영의 최대 승부처는 소프트웨어다. 각사 최고 경영자들의 디자인 마인드를 높이고 디자인 인력을 확보하여 제대로 일할 수 있는 분위기를 조성하였다. 디자인에 혼을 담음으로써 삼성이라는 브랜드가치를 급상승할 수 있게 한 원동력이 되게 하였다.

여덟째, 복합화를 이루었다.

제품의 질 제고와 비용절감, 물류비용 감소, 교통 체증 해소, 경영스피드 제고, 임직원 유대감 향상을 위하여 모든 시설과 단지, 제품, 인재개발 등을 한 데 모아 시너지 효과를 높이는 복합화 개념을 철저하게 담았다.

환자들이 기다리지 않아도 되고, 보호자가 필요 없는 병원이 되기 위하여 삼성 병원에는 검진센터, 생명과학 연구소의 기능이 복합적으로 들어갔다. 제품 복합화의 새로운 버전인 카메라 폰, 공기청정기가 내장된 에어컨, 디지털 카메라가 내장된 캠코더 등이 지금의 시장을 휩쓸고 있다.

아홉째, 을^{2}로 불렸던 협력업체에게 상시 출입이 가능한 '프리패스'를 주었다.

삼성의 중역도 쉽게 접근할 수 없는 개발실까지 들어가게 하였다. 일본의 일류 부품회사인 다카키 제작소 등을 통하여 품질을 세계 최고 수준으로 높이고, 정보를 공유토록 하였다. 협력업체를 그룹의 실질적인 한 부문으로 끌어 올림으로써 일류 부품을 저렴한 비용으로 빨리 구매할 수 있어 그룹의 대다수를 점하는 조립양산업의 경쟁력을 획기적으로 높였다.

마지막 열번째로는 인간미, 도덕성, 예의범절의 '삼성 헌법'을 내세워 도덕 불감증을 치료하였다.

회사를 반드시 망하게 하고야 마는 부정이 없는 곳이 바로 삼성이다. 편법 1등보다는 바른 5등이 낫다. 직원들에게 봉급생활자의 3대 고민인 자신과 가족의 건강, 자녀교육, 노후대책을 다 없애 주는 평생직장이 되게 하고 있다.

불량품인데 돈을 받고 파는 짓은 비겁하다. 1995년, 500억 원어치의 불량 휴대폰, 무선전화기, TV, 팩스를 수거하여 그것을 만든 직원 2천명 앞에서 태워 버렸다. 말할 수 없는 감정을 느낀 직원들은 결연하게 각오하였다. 기술자들은 밤새 스스로 공부하고 토의하고 교수를 초빙하여 강의를 들었다. 불타버린 500억 원은 7년 반만에 3조 원의 이익으로 돌아왔다.

이제 개인과 기업을 막론하고 남을 속이는 이류 경영으로는 살아남을 수 없을 것이다. 국내 1위에 안주하던 임직원들에게 세계 1등을 위해서는 어떤 일이라도 감수하겠다고 했다. 베스트라 불리는 사람들은 하나같이 위대한 목표를 잡고 그것에 모든 것을 쏟아 붓는 사람일 것이다.

21세기는 모든 지식과 정보, 보상이 1등에게만 모이게 되는 승자독식 사회이다. 신경영의 핵심은 생존을 위한 모든 제품과 서비스의 월드베스트이다. 신경영은 세계 경제 환경의 변화 속에서 살아남기 위한 변화의 체득 과정이었으며 삼성은 일관되게 추진한 신경영으로 진화하여 살아남았다.

그런데 변화나 개혁을 하지 못하는 첫째 요인은 기득권을 가진 자들이 바뀌려고 하지 않는 것이기 때문이다. 삼성은 이류임을 인정한 기득권의 포기와 희생으로 바뀌었으며 그걸 되풀이하다보니 개혁이 되었다. 삼성은 뿌리 깊은, 양 중심의 경영을 10년 동안 아예 뿌리째 뽑아버렸다. 그리고 2010년, 세계 1등의 IT 기업이 되었다.

정상에서 부는 바람은 더욱 거세기 때문에 머뭇거릴 수 없다. 불황기에는 기업 경쟁력의 차이가 확연히 드러나며 오직 강한 자만이 살아남아 시장을 지킬 것이다.
지금 삼성을 대표하는 대부분의 사업과 제품은 10년 내
에 사라지고 삼성의 앞날은 세계 1등 제품이 얼마나 되
느냐로 결정 될 것이다.

　　지난 성공은 잊고 또 도전하여 새로운 길을 개척
하여야 한다!

성장의 동력

35년 전에는 연간 경제성장률을 발표하기 전에 미리 통화당국의 국민소득 조사부서에서 지도자에게 브리핑을 할 정도로 성장이 단연 큰 관심사이였다. 나는 그때 가장 큰 업종인 제조업 추계를 담당하고 있었는데 많은 품목이 20%는 보통이고, 200%씩 늘어나기도 하였다. 철강, 조선, 자동차 등 중화학 공업이 치솟아 계산에 오류가 있는지 몇 번씩 확인을 하기도 하였다. 아파트를 본격적으로 짓자 가구와 벽지 제품이 늘어나는 것은 물론이고, 새 아파트에 냉장고, TV가 들어가자 고기와 우유제품 생산량이 40%씩 뛰어오르고, 처음으로 맥주의 소비량이 소주의 소비량을 추월하기도 하였다.

그런데 이제는 7%를 성장시키겠다던 공약은 놔두고라도 제발 아시아에서 꼴등만 안 되길 빌어야 하는 실정이 되어 버렸다. 대부분의 모든 물건들이 중국에서 들어오니 우리는 도대체 만들 게 없다고 한다. 괜한 엄살이 아닌 듯하다.

엔진이 식었다. 다시 살려내야만 한다. 어떻게 해야 할까? 아파트를 짓거나 도로를 더 내든지, 공무원을 늘리거나 아니면 세금을 더 거두면 가능할까?

뛰어난 일꾼들은 어떻게 성장의 원동력을 살려냈는지 살펴보자.

공부

미국의 법학자인 올리버 웬델 홈스^{Oliver Wendell Holmes}는 친구로부터 왜 아흔넷의 나이에 새삼스레 그리스어 공부를 시작하느냐는 질문을 받았다고 한다. 그러자 "글쎄, 지금이 아니면 영원히 못하지 않겠나?"라고 답했다고 한다. 보통 사람들은 생각하기도 힘

성장의 동력

**끝없는
배움으로**

우리는 두 번 젊어
질 수 있습니다.

『젊음의 유전자, 네오테니』

저자. 론다 비먼 | 옮긴이. 김정혜 |
도솔, 2007

**자신을 익숙한
환경에서 끌어 내면**

잠들었던 신경세포를
자극할 수 있지요.

『스티브 잡스 무한 혁신의 비밀』

저자. 카민 갤로 | 옮긴이. 박세연 |
비즈니스북스, 2010

**문제를 끄집어내어
힘든 상황으로 몰아**

지혜를 짜 냅니다.

『도요타 최강경영』

저자. 시바타 마사하루 외 |
옮긴이. 고정아 | 일송미디어, 2001

**규율 있는, 단호한, 근면한,
까다로운, 체계적인, 일관된,
집중된, 책임지는 것들이**

위대한 기업의 원동력입니다.

『GOOD to GREAT』

저자. 짐 콜린스 ╱옮긴이. 이무열 ╱
김영사, 2002

든 그 나이까지 건강하게 살 수 있었던 원동력은 아마도 끊임없이 배우는 공부 때문이었을 것이다.

다른 환경

일본, 독일, 미국, 한국 등 모두 참혹한 전쟁을 겪은 나라들이 2차 세계대전 이후 괄목할 만한 성장을 한 것은 결코 우연이 아니다. 낯선 상황은 익숙했던 환경에서 쉬고 있던 많은 세포들을 깨워 평소에 미처 볼 수 없었던 여러 가지 모습들을 금방 볼 수가 있다.

이른 새벽이나 겨울밤에 혼자 산에 가서 무서움과 외로움을 흠뻑 마시면 새로운 힘이 솟는다. 실적에 쫓겨 정신이 없을 월말의 오후에는 아쉽더라도 일단 업무를 접고 가급적이면 혼자 교외에 나가 바람을 쐬면서 다음 달을 준비하는 것도 유익했던 기억이다.

궁즉통窮卽通

심하게 몰리면 생각지도 못한 방안이 나온다. 간절한 목표를 달성하기 위해서는 일부러라도 어렵게 만들어야 한다. 몇 년 만에 사법시험에 합격하느라 부인까지도 고생을 시킨 어느 분은 쌀독이 비게 되자 책이 쏙쏙 눈에 들어오게 되었다고 한다.

규율

큰 목표가 동력을 살린다. 현실에 안주하기보다는 목표를 이루겠다는 다짐에서 까다롭고 단호한 행동이 나오게 되는 것이다. 일찍 출근하는 사람들이 지각을 자주하는 사람들보다는 훨씬 활기차게 움직인다. 용장 밑에 약졸 없고 기합이 든 곳에 사고가 없는 법이다.

이미 있었던 명성에 젖어 새로 배우려 하지 않고, 다니던 길로만 다니고, 책임을 피하거나 쉽게 가려고 문제를 덮으면서 우물쭈물하다 보면 국가는 물론이고 기업이나 개인까지도 엔진이 꺼지는 법이다.

자신의 동력을 살리기 위하여 매일 아래의 4가지를 다짐하자.

- 아는 것만 답습하지 말고 또 다시 배우자!
- 다른 곳에 가고 다른 사람을 만나보자!
- 책임을 두려워하지 말고 기필코 문제의 뿌리를 뽑자!
- 가혹하게 절제하고 냉혹하게 짓자!

중년을 위한 인생 상담가이자 교육학 박사로 노화와 건

강 전문가인 론다 비먼[Ronda Beaman]이 일생을 살아오면서 쌓은 삶의 지혜를 전해 주었다. 이제부터는 그녀로부터 자신의 안에 잠자고 있는 삶을 깨워 활기차게 살아가는 지혜를 본격적으로 살펴보겠다.

『젊음의 유전자, 네오테니』

저자. 론다 비먼 / 옮긴이. 김정혜 / 출판사. 도솔

남자든, 여자든 자신의 용모를 손보려는 사람들이 점점 더 늘고 있다. 레이저 박피, 보톡스 주사, 주름살 제거 수술, 눈꺼풀 성형, 지방 흡입 수술, 가슴 성형 등 미국의 미용 시장은 연간 무려 100조 원이 넘는다고 한다. 그러나 인위적으로 피부에 색을 칠하거나 숨기려는 노력은 아름답게 물든 빨간 단풍잎에 초록색을 칠하는 것처럼 쓸데없는 짓은 아닐까 생각한다.

노화라는 주제는 다루기가 꺼려지고 우울해지며 어떻게든 피하고 싶다. 그러나 누구나 나이를 먹는다. 늙어간다는 진리를 스스로 인정하고 할 수 있는 것을 찾아야 한다.

세르반테스[Miguel de Cervantes Saavedra]는 『돈키호테』를 68세에 썼고, 고야[Francisco Goya]는 80세에 그의 가장 유명한 그림 가운데 하나인 '아직도 배운다'를 완성했다. 괴테[Johann Wolfgang von Goethe]는 82세에 『파우스트』를 집필하였다. 자! 다 함께 헨리 밀러[Henry Miller]의 시를 크게 읽어 보자!

80인 지금이 2~30세 때보다 훨씬 재미있다.

나는 10대로 돌아가고픈 마음이 전혀 없다.

젊음이 찬란할지는 몰라도 견디기 힘든 고통이기도 하다.

게다가 우리가 젊음이라고 부르는 것은 사실 젊음이 아니다.

오히려 성숙한 노년기 같은 것이다.

슈바이처^{Albert Schveizter}가 말하였다. "인생의 비극은 실제의 죽음에 있지 않고 오히려 살아 있을 때 우리 안에서 무언가가 죽는다는 데 있다. 참된 감정의 죽음, 열정적 반응의 죽음, 다른 사람의 고통이나 영감에 공감할 수 있는 인지력의 죽음 같은……."

낙관적인 분들은 비관적인 사람들보다 7년 이상을 더 산다고 한다. 낮은 콜레스테롤 수치, 운동이나 금연보다도 낙관적인 태도가 훨씬 더 장수에 도움이 된다. 나이와 노화는 차원이 다른 개념이다. 늙어버린 20대가 있기도 하고 젊디젊은 60대가 있기도 하다. 유전학적으로 인간은 평생 젊음의 특성을 지닐 수 있는 타고난 능력이 있다. 어른도 본래 신체, 정신, 감정, 행동의 모든 면에서 아이들과 같은 특성을 지니고 있다. 이러한 특성들은 나이가 들수록 줄어드는 것이 아니라 오히려 더 커진다.

인간이 타고 나는 어린 아이와 같은 특징은 주로 탄력성, 낙천성, 경이감, 호기심, 기쁨, 유머, 음악, 일, 놀이, 공부 등의 열 가지다. 사람 안에 지닌 이러한 젊음의 유전자를 바로 네오테니^{neoteny}라고 한다.

인류의 역사상 가장 많은 인구의 베이비 붐 세대가 인생 후반기에 들어서고 있다. 더 젊게 살려는 노력은 어려운 도전일 수 있다. 그러나 그러한 도전은 우리가 이미 인생에서 성취한 것에 비하면 큰 의미가 아닐 수도 있다. 우리가 가진 에너지는 쓸수록 되살아난다. 이제는 인생이라는 마지막 시험을 준비하여야 한다. 시험 범위가 아주 넓고 재시험이 없다는 사실을 마음에 새겨야 한다. 네오테니의 타고난 능력을 활용하여 젊게 두 번 사는 방법을 알아보자.

먼저 젊어지는 생각으로 시작하라!

우리를 늙게 만드는 것은 세월이 아니라 잘못된 삶의 방식이다. 네오테니로 세상을 보는 순간, 전에는 보이지 않았던 것들이 훨씬 다채롭게 보일 것이다.

탄력성

아이들은 아무리 넘어져도 벌떡 일어난다. 탄력성이다. 나이가 들어서도 얼마든지 아이들과 같은 탄력성을 지닐 수 있다. 무엇보다도 가장 중요한 사항이 무엇인지 잘 알아야 탄력성도 있게 된다. 양보할 수 없는 문제를 잘 알면 다른 일에는 더욱 융통성을 발휘할 수 있을 것이다. 사람이든지, 물건이든지, 사랑을 주고받을 대상이 있다면 탄력성도 크게 늘게 된다.

나이 들면서는 점점 편안한 것만 찾게 되는데 어려움을 피하지 말고 용기를 내어 부딪히면 더욱 더 강력한 탄력성을 지닐 수 있다. 여과되지 않은 TV는 자기도 모르는 사이에 무력감이나 피해의식을 조장할 수 있다. 대중매체가 자신의 마음을 오염시키도록 두지 말고 자신의 세계를 스스로 지켜야 한다.

낙천성

아이들은 대부분, 지금이야 어떻든 시간만 지나면 나아지리라고 믿는다. 낙천성이다. 낙천주의자들은 나쁜 상황에서 좋은 측면을, 곤경 속에서 숨은 희망까지도 찾아낸다. 낙천적인 사람들은 큰 병도 잘 안 걸리고 수술 회복도 빠르다. 금연과 규칙적인 운동도 좋지만 낙천성은 그보다 훨씬 효과가 크다. 낙천적인 사고방식은 단련할 수 있다. 미래에 전혀 도움이 되지 않고 짐만 되는 시기심과 질투, 이기심과 두려움은 그만 내려놓도록 하자.

경이감

눈을 들어 둘러보면 세계는 놀라움으로 가득 차 있다. 어린 시절, 주변 세상에 대하여 느꼈던 순수한 경탄이 경이감이다. 하지만 성인이 된 우리는 뻣뻣해져서 좀처럼 놀라지 않는다. 이 세상에서 부족한 것은 기적이 아니라 감탄이다. 세계 7대 불가사의는 피라미드나 타지마

할도 되겠지만 보고, 듣고, 만지고, 맛보고, 느끼고, 웃고, 사랑하는 것이 될 수도 있다. 자신만의 7대 불가사의를 십분 활용해 보자. 이상한 나라의 엘리스처럼 주변 세상은 물론이고 당신도 젊어질 것이다.

호기심

여섯 살 때까지 공부한 지식의 양은 그 뒤 교육을 통해 얻은 지식의 양을 훨씬 능가한다고 한다. 무언가에 대해 알려는 열망이 호기심이다. 호기심이 많은 노인의 수명이 30% 정도 길었다는 연구 결과도 있다. 더 많이 사랑할수록, 더 많이 즐길수록, 더 많은 호기심이 생길수록 얻는 것도 많아지는 법이다.

호기심은 네오테니 중에서도 반드시 마음에 넣고 끊임없이 실천해야 하는 것이다. 언젠가 꼭 읽겠다고 했던 책도 보고, 강연회에도 가고, 영화도 보고, 퀴즈도 풀어 보자. 어릴 적의 탐구심을 되살리고 호기심을 유발하기 위하여 스스로 질문지를 만들어도 보고 그에 대해 답을 찾아보자.

기쁨

어린 시절에는 작은 벌레나 무지개, 강아지들을 보고도 기뻐한다. 인간은 기쁨을 만들어내는 데 놀라운 재주가 있다. 기쁨은 소유가 아니라 일상 활동에서 비롯된다. 삶에 만족하는 사람치고 게으른 이는 아주 드물다. 나이가 들었더라도 많든지, 적든지 간에 매일 자신의 생활과 말 속에서 기쁨을 찾아내도록 해보자. 알게 모르게 하루가 지나가 버리듯 삶의 기쁨도 우리가 모르는 사이에 사라져 버린다. 살아있는 하루하루가 다 소중한 날이다. 오늘이 일 년 중 가장 좋은 날이라고 매일매일 생각하자.

유머

생후 6주면 아가들은 웃는 얼굴에 반응하고 찡그린 얼굴에 고개를 돌린다. 사람만이 지구상에서 웃을 수 있는 생리적 기능을 가진 생명체다. 나이를 먹는다고 웃지 않는 것은 아니다. 웃지 않기 때문에 나이를 먹는 것이다.

웃음은 복부 안에 있는 장기를 마사지하고 장 기

능을 촉진시키며 복부 근육을 강화시킨다. 웃고, 숨 쉬고, 피가 돌고, 그렇게 모든 것이 순환한다. "히히" 웃는 작은 웃음으로 시작하여 "킬킬"거리며 웃다가 배꼽이 빠질 듯이 "하하하" 하며 크게 한번 웃어 보자!

음악

인간은 노래를 부를 수 있는 유일한 영장류이다. 사람들이 자기의 노래를 부를 때 억압된 목소리가 해방된다. 일주일에 한두 번은 음악으로 목욕을 해보자. 우울증에 걸린 합창단원은 이제까지 단 한 명도 보지 못한듯 하다.

춤은 좋은 운동이다. 춤은 걷기와 수영, 사이클링보다 치매 예방에 더 좋다. 춤은 섹스보다 더 아름답고 우아하며, 섹스와는 달리 나이가 들수록 더 재미있다. 만델라^{Nelson Mandela}는 구타와 위협이 많았던 수십 년 동안의 감옥살이에서 볼룸댄스로 살아남았다고 한다. 이제는 스스로의 감옥에서 나와 당신의 마음을 움직인 그 무엇과 함께 춤을 출 시간이다.

일

일을 하면서 지루해 하지 않는 사람은 결코 늙지 않는다. 노벨 평화상을 받은 폴링^{Linus Carl Pauling}은 89세 때 이렇게 얘기 했다고 한다. "나는 가만히 앉아 이제 뭘 하지 라고 고민한 적이 없다. 그저 하고 싶은 생각이 드는 일만 해왔을 뿐이다."

인생 후반기야말로 명작이 탄생할 시간이다. 최선의 은퇴대책은 은퇴를 하지 않는 것이다. 노인은 없다. 언제나 그렇듯 당신만이 있을 뿐이다. 은퇴라는 말 대신 "난 다시 불붙을 거야!"라며 인생을 재 점화해야 할 것이다.

놀이

나이를 떠나 우리는 아직도 예전의 어린 소년, 소녀 그대로이다. 술래잡기와 줄넘기를 하고 스케이트를 타며 연을 날리던 그 아이 말이다. 삶은 각자가 쉬는 시간에 만들어 내는 온갖 놀이로 채워진다. 놀이는 스트레스를 덜어주고, 활력을 찾아주고, 낙천성을 북돋우며, 창의성을 깨워 준다.

잘 노는 사람이 행복하다. 일 년 동안 대화하는 것보다 한 시간 같이 놀아보면 상대를 더 잘 알 수 있다. 매일 자신에게 이렇게 물어보자. "아직 해보지 못한 재미있는 일이 없을까?"

공부

나이와 상관없이 뇌는 언제나 훈련이 가능하다. 배움은 우리에게 활력과 생기를 준다. 학교 다음엔 직장, 그 다음엔 여가가 삶의 정형적인 궤도로 여겨져 왔다. 하지만 80~90대까지 장수하는 활기찬 노인들은 생애 내내 공부와 일, 여가를 함께 한다. 삶은 아무리 시간이 흘러도 결코 쉬워지지 않는다. 지혜롭지 못한 채 나이만 먹는 사람도 있다. 끝없는 배움으로 우리는 두 번 젊어 질 수 있다.

젊음의 원천: 다시 사랑에 빠지라!

네오테니의 열 가지 특징 모두에 녹아 있는 요소는 사랑이다. 사랑은 탄력성과 낙천성을 지탱해 주는 힘이고, 경이로움과 호기심의 연료이며, 기쁨의 본질이고 유머의 핵심이다. 음악을 받쳐주는 에너지고, 일과 놀이의 동기이며 배움에서 얻게 되는 소중한 교훈이다.

자신을 사랑하는 법을 배우라. 우리 안에는 아직 써보지 못한 삶이 잠자고 있다. 우리 안에 있는 어린 아이의 순수함과 희망, 마력과 다시 한 번 사랑에 빠져 보자. 건강하게 나이 드는 비결은 자기 자신을 돌보고 사랑하는 데에 있다. 좋아했던 음악이나 책과 사진을 꺼내 다시금 활기차게 두 번째 젊음을 즐겨볼 때이다.

동작 4强!

내 몸의 파워 엔진,

사업가를 움직이는 동작은 단 하나, '벌다'이다. 돈을 못 번 경우에 사람들은 보통 본전이라고 생각하는 정도지만 사업가는 마치 손해를 본 것처럼 아니, 그 이상으로 아쉬워한다. 직장인은 회사 일이 어려울 때 뒤로 물러서지 말고 "저에게 주세요!"라고 나서보자. 구조 조정과 같이 어려운 때에 꼭 필요한 사람으로 남게 될 수 있을 것이다.

투자는 혼자 책임진다는 생각을 가지고 스스로 하고, 고객의 의견을 듣고, 나누고, 맞추다 보면 제품을 잘 팔 수 있을 것이다. 눈을 맞추며 먼저 다가가 묻고, "네!" 하며 듣고, 마음을 열어 "맞습니다!"하고 추임새를 넣으면 상대와의 사이가 몰라보게 가까워지고, 깊어지며, 좋아지게 될 것이다.

뛰어난 일꾼들은 부지런하게 뛸 뿐만 아니라 자기관리, 경제활동, 사회생활 그리고 창조경영을 4가지 행동방식으로 일한다. 좀 더 나누면 공생, 노력, 생업, 재테크, 소통, 영업, 창조, 경영을 8가지 동작으로 일한다. 일을 뛰어나게 잘 하는 구체적인 동작은 이보다 훨씬 많을 수 있다. 8개나 4개로 간추린 까닭은 우선은 일꾼학 공부에 들어가는 것이 필요하기 때문이다. 8개 동작에는 다음과 같이 각각 3개씩 총 24가지의 동작이 있을 수 있다.

'일을 뛰어나게 할 수 있는 4, 8, (24)가지 동작'

1. 자신과 싸우다 1) 일단 들어가다 (들어가다, 찾다, 잡다)

  2) 내내 파다 (파다, 뽑다, 쏟다)

2. 돈을 챙기다 3) 나서서 벌다 (나서다, 맞서다, 서다)

  4) 일찍부터 불리다 (모으다, 쌓다, 불리다)

3. 남과 나누다 5) 마음을 열다 (묻다, 열다, 주고받다)

  6) 고객에 맞추다 (듣다, 주다, 맞추다)

4. 세상을 만들다 7) 쓸모 있게 바꾸다 (섞다, 뭉치다, 바꾸다)

  8) 냉혹하게 짓다 (흔들다, 내다, 짓다)

24가지 동작에 대하여 보다 자세히 살펴보겠다.

1. 내가 일부인 세상과 함께 살기 위하여 일단 들어가서,

2. 과거에 익숙한 것만으로 다투지 말고 새 먹을거리를 찾아,

3. 변화하는 글로벌과 스마트 월드에 맞는 목표와 기회를 잡자.

4. 어린이는 공부를 완전히 익힐 때까지 줄기차게 파고,

5. 젊은이는 시간이 걸리더라도 일의 뿌리를 뽑으며,

6. 노인들은 활기차게 살기 위하여 있는 대로 쏟아내자!

7. 직원은 직장의 모든 일을 내 일처럼 나서고,

8. 사업가는 시장을 차지하기 위하여 경쟁자와 맞서며,

9. 투자자는 생각 없이 남을 따르지 말고 스스로 서자.

10. 땀 흘려 번 돈을 쓰기 전에 먼저 모으고,

11. 건강한 몸으로 한 우물을 파며 잘 아는 곳에 일찍부터 쌓고,

12. 오래 잘 될 기업일지 확실하게 알고 투자하여 재산을 불
　　리자.

13. 어려울 때에는 위에 계신 신에게 묻고,

14. 아래 사람을 움직이려면 내 마음부터 열며,

15. 이해가 맞서는 상대일지라도 진정으로 주고받자.

16. 단골을 늘리기 위하여 고객의 말을 잘 듣고,

17. 고객에게 드리는 서비스는 진실한 마음으로 주며,

18. 고객을 이기거나 가르치려 하지 말고 그저 맞추자.

19. 서로 나누어져 있는 것을 돈이 되게 섞고,

20. 스마트폰과 소셜로 열리는 스마트 월드로 뭉치며,

21. 더욱 쓸모 있고, 단순하고, 편하고, 즐겁도록 사물을 바꾸자.

22. 구성원이 스스로 움직일 수 있도록 춤판을 흔들고,
23. 문제를 끄집어내어 상황을 어렵게 몰아 지혜를 짜 내며,
24. 까다롭고 단호한 일꾼들로 우뚝 서는 기업을 짓자.

지식이 넘쳐나고 문명이 빠르게 발달하고 있다. 문제는 지식이 아니라 실행이다. 시작이 반이니 지금 당장 시작하도록 하자. 한석봉의 어머니가 불을 끄고도 떡을 깔끔히 썰 듯이 이 4가지 동작을 자신의 몸에 배게 하면 이 세상에서 힘들다고 생각되던 장벽들이 훨씬 더 낮아질 것이다. 힘없는 사람들에게 더욱 힘든 날이 오고 있는 것은 어쩔 수 없는 현실이다.

이제까지는 꾸미고, 속이고, 가로채었을지 모르겠지만 이제는 아니다. 강력한 파워 엔진 동작 4강強을 내 몸에 익히면 평범한 뽕잎을 먹은 누에에서 황금같은 비단실이 나오듯이 신기하게도 자유로운 내 인생이 펼쳐질 것이다.

무너지는 과거는 국경만이 아니다. 나이나, 기업이나, 교육이나, 교류와 같은 여러 삶의 틀도 함께 무너지고 있다. 서른까지

공부, 예순까지 일이 아니라 평생을 공부, 일, 놀이를 함께 해야 한다. 직원과 투자자도 사업가처럼 기업과 하나가 되고 있다. 가르침과 배움이 하나가 되고, 소비자가 생산을 하는 프로슈머가 늘고 있다. 많은 단계와 중간 절차가 사라지고 있다. 무너지고 있는 과거의 익숙했던 가치들에서 벗어나 새로 뭉쳐질 세계인의 가치에 앞장서야 할 것이다.

자원도, 돈도 없었던 한국 사람들이 오히려 발전한 것은 무엇보다도 몸에 지니고 있는 모든 동작들을 있는 대로 다 꺼내어 부지런히 일했기 때문인 듯하다. 다만 이들을 제대로 간추려서 했던 것이 아니라, 닥치는 대로 하는 바람에 술, 담배도 많이 하게 되고, 교통사고도 많이 나고, 여러 문제가 생기지 않았을까 생각한다.

양극화나, 노령화나, 입시지옥이나, 취업전쟁에 갇혀 두려워 하지만 말고, 누군가 해결해주기만을 기다리지도 말자. 대신 누구나 다 가지고 있고, 잘 할 수 있는 행동방식을 미리 간추려, 매일 닦고, 조이고, 기름을 쳐보자. 생각날 때만 하지 말고 강산도 변한다는 10년 내내 익히자.

고난, 두려움, 소망과 목표가 기회를 여는 문이다.

세계 1등들은 사람이 중심이 되어 스스로 배우고 생각하는 힘을 길러 한계에 도전한다. 최고의 가치를 이루기 위해 최소로 간추린 행동 방식을 스스로 익히면 누구든지 세계 1등이 될 수 있다. 다양한 사람들이 서로 다른 사물들을 조합하여 정보와 지식을 엮고, 기술을 섞고, 뭉쳐 현재의 가치를 궁극적인 가치와 일치시키면 돈이 된다. 끊임없는 공부, 다른 환경, 힘든 상황과 엄격한 규율이 나를 움직이게 한다.

일단 들어가 내내 파고, 나서서 벌어 일찍부터 불리고, 마음을 열어 고객에 맞추고, 쓸모 있게 바꾸어 냉혹하게 짓자. 자신과 싸우고, 돈을 챙기고, 남과 나누고, 세상을 만들어 뛰어난 일꾼이 되자!

모든 행동방식을 하나로 줄이자면 그 하나는 바로 '살아 움직이다!'이다. 이 하나의 동작이 바로 모든 일을 할 수 있는 마스터 키인 셈이다. 살아 움직이자. 활기차게 움직이자. 혼자만이 아니라 함께 움직이자. 이 사회의 10%인 500만 명, 또는 5만 개의 기업만이라도 뛰어난 일꾼이 된다면 훨씬 더 살기 좋은 사회가 될 것이다.

진리는 난데없이 떨어지는 것이 아니다. 이미 있었던 것들을 찾아내어 깨닫는 것이다. 일꾼은 뛰어난 일꾼들로부터 그들은 어떻게 했는지를 배우는 사람일 것이다. 여러 권의 베스트셀러에서 달여낸 뛰어난 사람들만이 하는 4가지 동작이 오늘도 땀 흘려 일하는 모든 분들께 잠자는 백설 공주를 깨운 왕자의 키스가 되기를 바란다.

1. 다음 중 이 책에서 나온 내용과 다른 것은?

가. 이제까지 우울증에 걸린 합창단원을 단 한명도 못 보았다.

나. 불량품을 돈을 받고 파는 것은 비겁한 짓이다.

다. 지금은 언제나 기다려 왔던 바로 그 순간이다.

라. 베스트는 훌륭한 베스트에게 그 분은 어떻게 해야 하는지를
꼬집어 주는 사람이다.

2. 변화를 못하는 첫째 요인은 누가 바뀌려고 하지 않아서일까?

가. 기득권자

나. 고객

3. 세계 1등이 좋아 하는 CEO의 모습은?

가. 수치만을 중시하여 작은 것만 챙기기

나. 개인에 충성하게 하고 남의 공을 가로 채기

다. 거짓말하고 사내 정치에 열심이기

라. 보이지 않는 것을 보는 새로운 눈을 가지기

4. 사람을 늙게 만드는 것은?

가. 세월

나. 잘못된 삶의 방식

5. 다음 중 고물 엔진이 아닌 것은?

가. 꾸미다

나. 가로채다

다. 덮다

라. 열다

6. 다음 중 모든 일을 할 수 있는 마스터 키는?

가. 붙다

나. 훔치다

다. 뺐다

라. 살아 움직이다

7. 일꾼들의 8가지 동작 중에서 자신이 가장 잘 할 수 있고, 돈이

되고, 신나는 동작은 무엇인가?

8. 다음 중 동력을 살려내는 것이 아닌 것은?

가. 끝없는 배움

나. 힘든 상황

다. 엄격한 규율

라. 습관성 야근

9. 매일 일을 할 때에 자신이 행동하고 있는 주제에 맞는 동작을 치열하게 해보자. 마케팅에는 맞추다, 사람을 만날 때에는 열다 하는 식으로.

10. 아무리 나이를 먹어도 젊고 활기찬 영혼을 간직하자. 우리는 다시 한 번 더 젊음을 누릴 권리가 있다.

행(   ) 하세요!

[참고 도서]

1. 후이지 겐키,『90%가 하류로 전락 한다』, 이혁재 옮김, 재인, 2006.

2. 이민화,『호모 모빌리언스』, 북콘서트, 2012

3. 황대권,『고맙다 잡초야』, 도솔, 2012

4. 최정화,『외국어, 내 아이도 잘할 수 있다』, 조선일보사, 2004

5. 김근종,『장사, 뭐니뭐니해도 서비스다』, 중앙경제평론사, 2003

6. 장홍탁,『서른에는 꼭 만나야 할 저축 생활 가이드』, 좋은날들, 2012

7. 김종래,『CEO 칭기스칸』, 삼성경제연구소, 2003

8. 김진형 외,『한국의 세일즈 명인』, 거름, 2004

9. 홍성욱,『하이브리드 세상읽기』, 안 그라픽스, 2003

10. 짐 콜린스,『GOOD to GREAT』, 이무열 옮김, 김영사, 2002

11. 김성홍 외『이건희 개혁 10년』, 김영사, 2003

12. 론다 비먼,『젊음의 유전자, 네오테니』, 김정혜 옮김, 도솔, 2007

13. 김위찬, 르네 마보안,『블루오션 전략』, 강혜구 옮김, 교보문고, 2005

14. 콘스탄티노스 마르키데스,『Fast Second』, 김재문 옮김, 리더스북, 2006

15. 피터 L 번스타인,『신을 거역한 사람들』, 안진환 외 옮김, 한국경제신문사, 1996

16. 보도 섀퍼,『열두 살에 부자가 된 키라』, 김준광 옮김, 을파소, 2003

17. 워렌 버핏,『워렌 버핏의 주식 투자 콘서트』, 차예지 옮김, 부크홀릭, 2010

18. 닐 도날드 월시,『신과 나눈 이야기』, 조경숙 옮김, 아름드리미디어, 2003

19. 허브 코헨,『허브 코헨 협상의 법칙』, 강문희 옮김, 청년정신, 2001

20. 피어갈 퀸,『부메랑의 법칙』, 김세중 옮김, 바다출판사, 2003

21. 카민 갤로,『스티브 잡스 무한 혁신의 비밀』, 박세연 옮김, 비즈니스북스, 2010

22. 루이스 V. 거스너 Jr,『코끼리를 춤추게 하라』, 이무열 옮김, 북앳북스, 2003

23. 시바타 마사하루 외,『도요타 최강경영』, 고정아 옮김, 일송미디어, 2001

24. 로버트 기요사키,『부자 아빠 가난한 아빠』, 형선호 옮김, 황금가지, 2000

25. 김병완,『이건희 27법칙』, 미다스북스, 2012

26. 박현주,『돈은 아름다운 꽃이다』, 김영사, 2007

27. 사카토 켄지,『메모의 기술』, 고은진 옮김, 해바라기, 2003

[사회와 일꾼 TEST]

1. 라   2. 라   3. 라   4. 라   5. 나   6. X   7. 나누   8. 창조   9. 최소

10.

- 집단창조성; 많은 사람의 생각과 의견에서 나온 통찰력으로서 개개인의 것을 모두 합친 것보다 더 크다. 스마트 월드에서 훨씬 진전하게 될 집단 창조성은 인류의 상상력, 직관, 통찰능력을 한 단계 더 끌어 올릴 것이다.

- 증강현실; 한국에서 골프장을 대신하는 엔터테이먼트 기술로 승화된 스크린 골프처럼 실제 환경에 가상적인 사물이나 정보를 컴퓨터 그래픽 기법으로 합성하여 원래의 환경에 존재하는 사물 처럼 보이도록 하는 것으로, 스크린 골프를 통하여 골프장을 오가는 에너지, 시간과 골프장 조성에 따르는 환경오염 등이 축소되는 것처럼 증강 현실은 관광, 교육 등 수많은 분야에서 녹색 혁명의 본질적인 역할을 할 것이다.

- 기업의 자기조직화; 이제 기업은 시스템 전체의 역동적인 특성이 그 시스템의 일부를 내놓고 있는 자기조직화에 따라 정보의 공유, 가치의 공유, 이익의 공유로 기계적 조직에서 생명을 가진 유기적 조직으로 재탄생하게 되어 주주중심이 아니라 주주와 임직원, 고객이 서로 선 순환하게 될 것이다.

[자기관리 TEST]

1. 라   2. 라   3. 라   4. 라   5. 나   6. 사람에 따라 다르겠으나 대부분은 라

7. 가. 소리와의 접촉으로 언어 교육을 시작한다.

  나. 소리에 익숙해지면 비디오테이프를 본다.

  다. 말이 되면 자연스럽게 글로 넘어간다.

  라. 우리말을 잘해야만 외국어도 잘 한다.

  마. 3단계 외국어 통달법 ->몸통 찾기, 깃털 찾기, 외국인과 부딪히기,

  바. 부모와 함께 하는 시간

  사. 외국문화의 이해

8. 9. 10. 각자 실행

[경제활동 TEST]

1. 나   2. 다   3. 다   4. 라   5. 라   6. x   7. 포기   8. 열정   9. 10. 각자 실행

[사회생활 TEST]

1. 라   2. 라   3. 다   4. 라   5. 라   6. 라   7. 라   8. 9. 각자 실행   10. (가, 다, 마, 사) (나, 라, 바, 아)

[창조경영 TEST]

1. 다   2. 나   3. 라   4. 라   5. 라   6. 라   7. 라   8. 라   9. 라   10. 각자 실행

[성장동력 TEST]

1. 라   2. 가   3. 라   4. 나   5. 라   6. 라   7. 각자 실행   8. 라   9. 각자 실행   10. 복

승자의 기술

초판 1쇄 발행 **2014년 1월 9일** — 초판 2쇄 발행 **2014년 3월 5일** — 지은이 **조덕중** — 펴낸이 **이준경** — 기획·책임편집 **이영일** — 편집장 **홍윤표** — 디자인 **강혜정** — 마케팅 **오정옥** — 펴낸곳 **(주)영진미디어** — 출판등록 **2011년 1월 6일 제406-2011-000003호** — 주소 **(413-756) 경기도 파주시 문발로 242** — 전화 **031-955-4955** — 팩시밀리 **031-955-4959** — 홈페이지 **www.yjbooks.co.kr** — 이메일 **book@yjmedia.net** — ISBN **978-89-98656-01-0 13320** — 값 **13,000원**

이 도서의 국립중앙도서관 출판시도서목록(CIP)은 서지정보유통지원시스템 홈페이지(http://seoji.nl.go.kr)와 국가자료공동목록시스템(http://www.nl.go.kr/kolisnet)에서 이용하실 수 있습니다.(CIP제어번호: CIP2013029057)